_____ 님의 소중한 미래를 위해

이 책을 드립니다.

버럭엄마,
우아하게
아이 키우기

버럭엄마,
우아하게
아이 키우기

임영주 지음

큰소리 내지 않고 우아하게
아이를 키우는 그날까지

메이트북스

메이트북스 우리는 책이 독자를 위한 것임을 잊지 않는다.
우리는 독자의 꿈을 사랑하고,
그 꿈이 실현될 수 있는 도구를 세상에 내놓는다.

버럭엄마, 우아하게 아이 키우기

초판 1쇄 발행 2019년 1월 17일 | **초판 5쇄 발행** 2023년 9월 15일 | **지은이** 임영주
펴낸곳 ㈜원앤원콘텐츠그룹 | **펴낸이** 강현규·정영훈
책임편집 안정연 | **편집** 박은지·남수정 | **디자인** 최선희
마케팅 김형진·이선미·정채훈 | **경영지원** 최항숙
등록번호 제301-2006-001호 | **등록일자** 2013년 5월 24일
주소 04607 서울시 중구 다산로 139 랜더스빌딩 5층 | **전화** (02)2234-7117
팩스 (02)2234-1086 | **홈페이지** blog.naver.com/1n1media | **이메일** khg0109@hanmail.net
값 15,000원 | **ISBN** 979-11-6002-200-1 03370

이 도서의 국립중앙도서관 출판시도서목록(CIP)은 e-CIP홈페이지(http://www.nl.go.kr/ecip)에서
이용하실 수 있습니다.(CIP제어번호: CIP2018042991)

자녀가 당신에게 요구하는 건 대부분
자기들을 있는 그대로 사랑해달라는 것이지,
온 시간을 다 바쳐서 자기들의 잘잘못을 가려달라는 게 아니다.

· 빌 아이어스(미국 교육학 교수) ·

육아서 읽을 시간조차 없는
육아전쟁중인 엄마를 위하여…

"육아서, 좋지요. 아이 발달이나 육아 지식 없이 아이를 키운다는 건 말도 안 된다고 저도 아이를 낳기 전에는 그랬거든요. 하지만 아이 둘 키우면서 책 한 권 읽지 못하는 엄마가 된 게 현실이에요."

결혼 전, 자기계발서를 끼고 살다시피 한 커리어우먼 엄마와 상담을 할 때 들었던 이야기입니다. 오디오클립 〈버럭엄마, 우아하게 아이 키우기〉를 시작한 이유였습니다.

"엄마가 되어서 책을 읽지 못하는 안타까움보다… 아무 것도 모르면서 아이를 키운다는 죄책감에 힘들어요."

결국 엄마가 저에게 전화 상담을 요청한 이유는 '이렇게 아무 지식 없이 아이를 키워도 되나'에 대한 죄책감 때문이었습니다. 그때 제가 한 위로와 격려는 "'머리 이론'으로 아이를 키우는 것보다 '가슴 육아'를 하는 게 중요하다"는 것이었습니다.

저는 그 당시 강연이나 글에서 "머리 이론보다 가슴 육아를 해야 한다. 부모가 머리로 아이를 키우는 것보다 가슴으로 따뜻하게 키워야 한다. 그리고 그것을 발 육아로 실천해야 한다"라고 열정적으로 외치던 때였습니다. 자칫 잘못 들으면 마치 머리 육아를 하면 안 되니 육아서는 읽을 필요 없다는 인상을 줄 정도였습니다. 그러나 역설적이게도 저는 당시에도 그 이후에도 '육아서'를 열심히 집필하고 책을 출간했었습니다. 그리고 저의 책들은 감사하게도 베스트셀러가 되고 스테디셀러가 되었습니다. 물론 잘 들여다보면 '이론 육아'의 맹신을 경계하자는 것이었고, 이론을 가슴으로 가지고 내려와 내 아이에게 '잘 적용'하자는 뜻이었습니다. 그리고 이론대로 키우는 데도 아이가 뜻대로 안 된다고 아이를 질책하거나 엄마 스스로를 괴롭히지 말자는 의미였던 것이지요.

그 무렵에 제안 받은 것이 네이버의 〈오디오클럽〉이었습니다. 10~15분 정도의 시간에 들려드리는 '귀로 듣는 육아서'라니 매력적이었지요. 운전을 하면서, 차를 마시면서, 집안일을 하면서 언제든 어디서든 휴대폰으로 들을 수 있다니 접근성이 확실히 느껴졌습니다. 아이 짐 가방, 아이에게 읽어줄 그림책 챙겨 다니기도 벅차서 엄마가 읽을 육아서까지 들고 다니기는 어렵지만, 핸드폰은 휴대하고 다니니까요. 육아로 바쁜 엄마들에게 오디오로 책을 들려드리는 것, 게다가 제가 낸 책 중에서만 골라도 몇 년을 들려드릴 콘텐츠로 넘쳤으니 반갑고 기뻤지요. '석삼년이면 일가를 이룬다'는 말이 있듯 10년을 꾸준히 써온 책, 실제 상담, 에피소드에서 고르고 골라 '귀로 듣는 책'으로 재능기부를 한다고 생각하니 자부심도 컸습니다.

오디오클립 제목은 "아이 잘 키우고 싶어 노력하다 '버럭!' 하고 '욱!' 하게 된다"는 엄마들의 말을 자주 들은 터라 위로와 격려차 〈버럭엄마, 우아하게 아이 키우기〉로 정했습니다. 제 책 『큰소리 내지 않고 우아하게 아들 키우기』 제목에 힘입은 바가 있기도 합니다. 누군들 아이에게 버럭 하는 엄마가 아닌, 우아한 엄마가 되고 싶지 않겠습니까.

하지만 오디오클립은 녹음하는 일부터 생각보다 만만치 않았습니다. 오디오 특성에 알맞은 꼭지를 찾고 사례들을 적절하게 원고로 재구성해서 녹음하고 편집해야 한 편이 완성되었으니까요. 횟수가 거듭되면서 나누고픈 이야기, 엄마들이 전해주는 실제 사례 등이 넘쳐 새로운 원고도 쌓여갔습니다. 구독자분들의 요청에 오디오클립 원고는 칼럼으로 다듬어 네이버에 연재를 했습니다. 귀로 듣고, 다시 글로 읽는 것이 도움된다는 피드백을 받으며 '아이 잘 키우고 싶은 엄마의 마음'을 확인한 시간이었지요.

정성이 닿아서일까요. 〈버럭엄마, 우아하게 아이 키우기〉를 구독하는 분들이 2천 명, 3천 명… 그렇게 점점 많아졌습니다. 한 회도 빠짐없이 듣고, 댓글로 '출석체크'를 하는 부모님께 감사의 마음으로 댓글 이벤트도 하며 신간 서적을 드리곤 했습니다. 저자 친필 사인을 해서 보내드렸지요.

구독자 만 명을 앞두기도 전에 출간 제의를 받았으나 고사했었습니다. 앞서 말씀드렸듯, 아이 키우며 책 한 권 읽을 시간도 없는 엄마들께 제 책의 핵심을 '귀로 들려드리는' 게 오디오클립의 목표였기 때문이었습니다.

하지만 이제 갓 초보 부모가 된, 아들을 둔, 자존감 육아, 책 육아하며 좋은 말습관으로 아이를 키우고 싶은 많은 부모님께 다양한 주제가 도움이 될 거라는 설득에 힘입어 이 책을 출간하게 되었습니다. 귀로 들을 수 있도록 쉽고 친근하게 엮었기 때문에 책으로 낸다면 가독성이 높을 테고, 바쁜 육아 현실에서 '이 책 한 권 뚝딱, 성취감 높은 독서'를 하실 거라는 생각에도 동감했지요. 아끼고 아껴 읽어도 괜찮겠지만 부디 이 책을 잡는 순간, '어느새 다 읽었네' 했으면 좋겠습니다. 앞으로 자녀와 90년을 함께할 부모님들이기에 영유아기뿐 아니라 사춘기, 이후 자녀들과 소통하며 지내기 위한 초석이 된다면 책을 낸 보람이 더 크겠습니다.

만약 육아서대로 했는데도 잘 안 될 때는 '당연하지!'라고 위로해주세요. 아이는 꼭 부모가 하라는 대로, 키우는 대로 자라는 수동적 존재가 아니거든요. 그러니 모든 게 부모 탓은 아니에요. 마침 존경하는 고도원 선생님이 "지행일치知行一致하는 사람은 성인, 언행일치言行一致를 하는 사람은 훌륭한 사람"이라는 글을 보내셨네요. 그러고보니 우리 부모는 '아는 것을 실천'하고 '말한 것을 지키려는' 정말 훌륭하고 위대한 분들입니다. 기억하셨으면 좋겠습니다. 우리는 항상 아이를 사랑한다는 것을요. 우리는 완벽한 부모가 아니라 최선을 다하는 부모입니다.

감사합니다.

오디오클립 〈버럭엄마, 우아하게 아이 키우기〉나 전화 상담의 시작은 부모님들께 재능 기부한다는 자부심 높은 일이었으나 이제 긍정 부메랑으로 돌아와 이 책을 펴내게 되었습니다. 홈페이지 상담실에 털어놓기 어려운 고민도 함께 공유하고, 동병상련과 치유를 얻었다는 부모님들 덕분에 글이 풍부해졌습니다. 아이를 키우는 분이라면 누구나 공감하고 힘을 얻을 수 있는 이야기들로 채워져 섣부른 연구결과나 외국 육아 이론을 차용하는 것보다 더 생생하게 만들어주었습니다.

오늘도 사랑의 표현으로 아이들에게 '버럭!' 한 엄마들을 응원합니다. 다시 가다듬고 '우아하게 아이 키우기'를 실천하는 엄마들과 앞으로도 함께하겠습니다.

부모교육전문가이자 선배 버럭엄마 **임영주**

차례

1장 육아의 99%는 엄마와 아이의 소통에 달려 있다

6장   책 읽어주기가 가져오는 기적들

'버럭' 하지 않고 엄마의 마음 제대로 전달하는 방법

"야" "너"라고 부르면 정말 기분 나빠요

말 많은 엄마가 말 잘하는 아이를 만든다

형제 싸움에 합리적으로 대처하는 부모의 말습관

엄마도 아이에게 사과할 줄 알아야 한다

우리 아이 기 살리기 vs. 우리 아이 기죽이기

1분만 참아야 하는 말 vs. 1분 안에 해야 하는 말

사랑의 말, 진짜 존댓말

1장

육아의 99%는 엄마와 아이의
소통에 달려 있다

∼∼∼

'버럭' 하지 않고
엄마의 마음 제대로 전달하는 방법

~~~~~~~~~

엄마도 처음부터 '버럭' 하는 것은 아니다. 그런데 아이는 부모가 자신을 봐주고 있다는 것도
모르고 더 감정을 긁게 한다. 결국 소리를 크게 지르거나 엄포를 놓아야 움찔한다.

어느 날 유치원의 역할놀이 영역에서 6세 아이 세 명이 역할놀
이를 하고 있다. 채은이가 엄마 역을 하고 주안이와 민지가 아이
역을 한다. 엄마인 채은이가 요리하는 척하며 "자, 이제 장난감 정
리하자"라고 상냥하게 아이역을 맡은 주안이와 민지에게 말한다.
그러나 주안이와 민지는 들은 체 만 체다.

"정리하라고 했다. 그래야 밥 먹지."

"아, 엄마, 조금만 더 놀고 응? 조금만."

두 아이가 더 놀겠다고 버틴다.

"둘, 셋, 하나."

채은이가 숫자도 틀린 카운트다운을 시작한다. 그러자 주안이가 엄마 역의 채은이에게 이렇게 말한다.

"아, 그럴 땐 소리를 크게 질러야지."

민지도 한마디 거든다.

"맞아. '야, 치워!' 그래야지."

채은이, 주안이, 민지의 역할놀이가 정말 실감나게 이어진다. 그러다 채은이가 결정적인 한마디를 한다.

"너희들 지금 당장 안 치우면 장난감 다 갖다 버린다."

참다가 감정이
'욱' 하고 올라온다

엄마도 처음부터 '버럭' 하는 것은 아니다. 오히려 아이에게 맞춰준다. 그런데 아이는 부모가 자신을 봐주고 있다는 것도 모르고 더 감정을 끓게 한다. 결국에는 소리를 크게 지르거나 엄포를 놓아야 움찔한다.

"한 번만 더 해봐. 너 진짜 혼난다."

"화난다고 동생한테 장난감 던지면 돼, 안 돼? 안 된다고 했지?"

"또 그럴 거야, 안 그럴 거야?"

한바탕 아이에게 마음에도 없는 모진 소리를 하면 아이가 겁먹은 얼굴로 간신히 위험한 행동을 멈추거나 말을 듣는 척한다. 상냥한 목소리로 좋게 말할 때 말을 들으면 오죽 좋을까? 부모도 사랑하는 내 아이를 혼내고 싶지 않은데 말이다.

엄마는 크게 혼난 아이가 움찔하며 기죽어서 한쪽 구석에 앉아 있는 모습을 보면 마음이 짠하기도 하다. 가서 아이를 안아주며 이렇게 말하기도 한다.

"엄마가 너 미워서 그러는 것 아닌 거 알지?"

그런데 아이가 엄마의 이 마음을 알까? 엄마는 또 덧붙인다.

"다음에는 그렇게 행동하지 마."

그렇게 하지 말라는 말 대신 잘못한 행동을 구체적으로 알려주면 어떨까? 아이의 위험한 행동이나 하면 안 되는 행동을 말이다.

'욱' 하지 않고 엄마 마음을
제대로 전달하려면?

정확하게 말하기

지금부터 부모가 구체적으로 정확하게 표현하는 방법을 살펴보자. 아이가 더 놀고 싶어서 정리하라는 엄마 말을 듣지 않고 장난감을 던지며 반항한다. 그럴 때 "너, 어디서 그런 나쁜 행동을 해"라고 말하기보다는 "장난감은 던지는 게 아냐"라고 한다. 장난감은 재미있는 놀잇감이고 조금 전까지 아이가 놀았다는 사실을 상기시켜주며 확실히 이야기한다.

"장난감 던지지 마."

만약 아이가 장난감을 던지려고 한다면 얼른 아이의 손을 잡고 던지지 못하게 행동을 제지하며 말하면 된다. 만약 아이가 장난감을 혼자 정리하기 힘들어하면 같이 정리한다.

핵심 말하기

"그렇게 하지 말랬지"보다는 '그렇게'에 해당하는 내용을 정확히 알려줘야 가르칠 내용을 강조할 수 있다. 그렇게 하지 말라는 행동, 즉 던지고 때리고 뛰는 것은 하면 안 되는 행동에 해당한다는 것을 분명히 말하도록 하자. 그다음에 금지 의사를 분명히 밝힌다.

"던지면 안 돼."

'안 돼'와 '하지 마'는 표현이 부정적인 말 같아 아이에게 말하기가 망설여질 수도 있다. 그래도 안 되는 건 안 된다고 말해줘야 한다. 그래야 정확히 안다.

감정적으로 말하지 않기

"몇 번을 말했어?"

사실 엄마도 몇 번 말했는지 모르면서 아이에게 묻는다.

"한 번만 더 해 봐. 진짜 혼난다."

이미 잘못했다면 바로 넘어가지 말아야 한다. 한 번 봐줬다가 모아서 세게 혼내지 말고, 그때그때 지적하며 바르게 제대로 가르쳐야 한다.

감정적으로 말하게 되면 무서운 엄마만 보여줄 뿐 엄마 말의 내용, 즉 엄마가 가르쳐주고 싶은 마음은 묻히게 된다. 오히려 아이에게는 "엄마 무서워" "엄마가 화낸다" "나 혼난다" 이런 감정적인 것만 전달될 뿐 아이 자신은 잘못된 행동이 뭔지 알지 못한 채 넘어가게 된다.

모호하게 말하지 않기

엘리베이터에서 아이가 버튼을 자꾸 누르자 엄마가 말한다.

"자꾸 누르지 마세요. 고장 나요."

이 말도 조금 생각해봐야 한다. 버튼을 자꾸 누르면 고장 나니까 누르면 안 되는 게 아니다. 엘리베이터 버튼을 누르며 장난하면 안 되니까 누르지 말라는 것이다. 공공 규칙임을 분명하게 전해줘야 한다.

"엘리베이터 버튼을 자꾸 누르면 안 돼. 그건 약속이야."

아이가 엘레베이터 버튼을 몇 번 눌렀다고 고장 나는 것도 아니고, 또 자꾸 눌렀는데 고장이 안 나면 눌러도 되는 것이 아니기 때문이다. 모호하게 말하지 말고 '약속'임을 강조한다. 그리고 '누르지 마세요. 고장 나요' 할 때 너무 부드럽게 말하면 엄마의 메시지가 약할 수 있다. 엄마의 표정과 어투가 말의 내용과 일치해야 잘 전달된다.

그래도 장난기 많은 우리 아이가 계속 장난삼아 버튼을 누른다면 얼른 아이에게 다가가 손을 잡으며 이렇게 말한다.

"엄마랑 손잡고 있자."

즉시 정확하게 말해주기

"너 이따가 집에 가서 혼난다"라고 하는 것보다 아이가 행동하는 즉시 정확하게 이야기하는 것이 '가르침'을 더 정확하게 전달할 수 있다. 엄마가 소리치며 "너 다시는 데리고 나오나 봐라" "장난감 안 치우면 갖다 버린다" 이런 말은 엄마의 감정을 표현한 것일 뿐이다. 하고자 하는 말을 즉시 정확하게 말해주자.

엄마 아빠의 감정조절은
이두자검 비법으로

이두자검以豆自檢이란 '콩을 가지고 스스로 점검하다'라는 뜻이다. 한자를 풀면 써 이以, 콩 두豆, 스스로 자自, 점검할 검檢이다. 부모들이 아이의 문제 행동을 수정하는 데 감정 조절을 하며 할 수 있는 비법으로 추천한다.

송나라 때 조숙평은 평생 고결한 행실로 이름이 난 인물이다. 그의 책상에는 항상 그릇 세 개가 놓여 있었다고 한다. 그릇 하나에는 흰콩을 놓았고, 가운데 있는 그릇은 비워두었으며, 나머지 그릇에는 검은 콩이 담겨 있었다.

그는 착한 생각을 하면 흰 콩 한 알을, 나쁜 생각을 하면 검은 콩 한 알을 가운데 빈 그릇에 담았다. 그리고 매일 밤, 가운데 그릇에 담긴 콩의 숫자를 세어 하루를 점검했다. 처음에는 검은 콩 숫자가 많았지만 점점 흰 콩 숫자가 늘어나 나중엔 흰 콩만 그릇에 담겼다.

좋은 생각을 하려고 노력하고 연습한 이두자검 방법을 아이를 대하는 우리의 행동이나 말에 쓴다면 효과가 있을 것이다. 이두자검을 훈육과 부모의 감정조절에 응용해보는 것이다. 그러면 무심한 말 습관을 돌아볼 수 있다. 어느 날은 아이와 함께 콩 세어보기를 하면 어떨까?

"아까 네가 동생을 때려서 엄마가 화가 나서 소리를 크게 지를 뻔했는데 안 지르고 '동생 때리면 안 된다'고 잘 말했으니까 흰 콩 한 알" 하는 식이다. 이런 부모의 롤모델은 아이의 조절력을 키우는 데도 도움이 된다.

"아무리 애가 화나게 해도 소리를 지르면 안 된다는 걸 아는데 막상 애가 말을 안 들으면 야, 소리가 저절로 나와요." 어른도 이런데 아이들은 더 그럴 것이다. "그러면 안 되는 줄 아는데 화가 나면 저도 모르게 장난감을 던지게 돼요."

아이를 키우면서 자주 화를 낸다면 이두자검을 해보면 어떨까?

콩 세기를 하고 있으면 아이도 "엄마, 나도 할래" 할지도 모른다. 아니면 엄마가 살짝 유도해보자. 게다가 아이들은 대부분 스티커 붙이기를 좋아하니 콩 대신 스티커 붙이기도 좋겠다.

감정을 조절하는 조절력은 자존감의 중요한 요소이기도 하고, 자기를 사랑하는 사람의 특징이기도 하다. 아이 잘되라고 훈육하는 과정에서 부모가 '버럭' 대신 감정을 조절하며 잘 가르친다면 아이도 그 가르침대로 조절력을 키우며 자존감 높은 사람으로 성장할 것이다. 가르침은 혼내는 것보다 '친절'할수록 효과가 크다는 것을 부모는 더 잘 안다.

"야" "너"라고 부르면
정말 기분 나빠요

~~~~~~~~~~

엄마 아빠 기분에 따라 아이의 이름이 달라진다. 아이의 이름을 제대로 불러줄 때, 아이는 존중감을 제대로 잘 자란다. 이름을 제대로 불러서 아이의 존재감과 자부심을 키워주자.

효준이가 블록쌓기를 하면서 기분이 안 좋았는지 친구들에게 화를 낸다.

"야, 김진수!" "야! 그렇게 하지 마, 이정우!"

기분 좋을 때는 '친구야' 또는 '진수야' '정우야'로 부르는 효준이는 화가 났거나 기분이 좋지 않을 때는 친구들 이름 앞에 성을 붙여 부른다. 그리고 자기 기분이 나쁘다는 표시인 '야'를 붙이는 것도 잊지 않는다.

7세인 이정민과 송지민이 이야기를 나누고 있다.

"우리 엄마는 나를 부를 때 어떨 때는 '민~'이라고 한다."

그러자 지민이가 신기한 듯 말한다.

"어? 우리 엄마도 그러는데."

"정말?"

"응, 정말."

"근데 어떤 때만 그렇게 하고 어떤 때는 '정민아' 하고 불러."

"우리 엄마도 '지민아'라고 해."

"근데 정말 화날 때는 '이정민!' 그래."

"우리 엄마는 진짜 화나면 '야!' 그러는데."

둘은 서로 마주 보고 웃는다.

말투와 표정에
자부심을 불어넣기

부모는 무심히 부르더라도 아이들이 받는 느낌은 아주 많이 다르다. 사실 아이의 성과 이름을 한꺼번에 부른 건데 왜 아이들은 엄마나 아빠가 화나거나 기분 나쁠 때 성과 이름을 함께 부른다고 느낄까?

아마 부모의 어투에서 그렇게 느꼈을 수도 있고, 혼내려고 부를 때 그렇게 불린 경험이 있어서 그런지도 모르겠다. 지금까지 아이 이름을 무심하게, 아니면 기분에 따라 불렀다면 유대인 부모가 아이를 부를 때 또는 아이를 누군가에게 소개할 때 어떻게 하는지 알아보자.

유대인은 아이가 아주 어렸을 때부터 장래 직업을 붙여 불러준다고 한다. 예를 들면 이런 식이다.

"아이들이 귀엽군요. 이름이 뭐예요?"

아이 엄마가 대답한다.

"이 아이는 의사 ○○, 얘는 변호사 ○○예요."

아이를 가리키며 부르는 호칭을 들어보면 부모의 말투에 자랑스러움이 묻어난다. 유대인 부모처럼 '의사' '변호사'를 붙이라는 것은 아니다. 다만 아이를 부르면서 자부심과 희망을 담는 것, 이 부분만큼은 놓칠 수 없다.

이름을 부를 때
소망을 담아 부르자

아이 이름을 부를 때 '성'이 튀어나오려 하고 '야!' '너'도 붙일 상황이라고 하자. 그럼 숨 한 번 들이마시거나 물 한 잔 마시거나 잠시 천장을 한 번 쳐다보자. "우리 엄마는 화나면 꼭 김. 진. 수. 이렇게 불러요"라는 아이의 말도 떠올리고, 태명을 부를 때를 가만히 떠올려보자. 얼마나 큰 사랑과 축복의 마음을 담았는지 생각날 것이다. 아이의 이름을 지을 때, 아이 이름을 처음 발음했을 때도 기억해보자. 얼마나 가슴 뭉클하게 행복하고 기뻤는지를 떠올려

보면, 아이에게 "야!"라고 부르기가 정말 미안해진다.

어른도 호칭을 잘 불러주면 기분이 좋다. 나를 잘 불러주는 사람이 좋다. 호칭이나 이름은 나와 다른 사람을 구별해서 나를 '나'로 만들어주는 중요한 역할을 하기 때문이다. 내 아이 이름은 결코 함부로 바꿔 부를 수 없는 소중한 호칭이다. 이름을 부를 때 제대로 불러주는 것과 함께 소망을 담아 부르는 것도 추천한다.

가족끼리는 어떤 수식어로 서로 불러주는가? 나를 가리키는 수식어는 멋지고 근사할수록 기분이 좋다. 말로만 축복의 미래를 붙이는 것이 아니라 축복의 마음을 담아 수식어를 붙인 이름, 과도한 욕심으로 붙인 호칭이 아니라 올바른 목표를 갖도록 하는 다정한 축복의 이름을 불러주자. 아니면 아이 이름 그대로 소중하게 불러보도록 하자.

우리는 말하는 대로 된다는 명언과 말이 뇌에 전달되어 사람의 행동과 상황에 영향을 준다는 연구 결과를 알고 있다. 긍정의 말이 큰 효과를 준다는 것도 알기에 아이들에게 좋은 말을 하려고 노력도 한다.

아이 이름을 부를 때 잘 실천해서 마법을 강력히 불어넣어보자. 아이 이름을 부르는 횟수만큼 축복과 희망 그리고 긍정의 메시지를 전할 수 있다.

아이는 긍정적 관심과 시선을 자주 받으면 더 건강하게 자란다. 곡식도 농부의 발걸음 소리와 말을 듣고 자란다고 하지 않는가.

먹는 모습이 의젓하면 '먹는 모습이 의젓한 담현', 조립을 좋아하거나 잘하면 '조립을 잘하는 민제' '정리를 잘하는 정리대장 찬민' 등 수식어는 무궁무진하다.

아이가 잘하는 모습이나 칭찬의 의미를 담은 수식어를 붙이며 이름을 불러주는 부모에게서 묻어나오는 사랑이 이름과 함께 아이에게 잘 전달될 것이다.

지금 당장 실천해보자. 부모가 아이 이름을 제대로 불러줄 때 아이는 존중감을 느끼며 제대로 잘 자란다. 이름을 잘 불러서 아이의 존재감과 자부심을 키워주자.

열 살까지 아이 이름에 수식어 붙이기

아이 발달 단계에 따라 수식어를 붙여준다. 수식어에 '칭찬'의 의미를 담으면 효과가 더 좋다.

- **영유아기**: 기본 생활습관을 중심으로

  양치도 잘하는 민수, 정리도 잘하는 재민, 골고루 잘 먹는 승우, 약속을 잘 지키는 유진

- **초등 저학년**: 아이의 꿈을 바탕으로

  부모의 야심찬 꿈을 담아 부르는 것은 오히려 역효과가 나고 부담만 준다. 아이가 원하는 미래를 담아 불러주자. 물론 아이의 꿈은 수시로 바뀌겠지만 말이다.

- **부모가 원하는 것이 아니라 아이가 원하는 것을 고려해서**

  "뭐라고 불러줄 때, 어떻게 불러줄 때 기분이 좋아?"

  아이에게 직접 물어본다. 아이 이름은 부모가 지었지만 수식어를 붙일 때는 아이가 원하는 것으로 붙여주는 것이 좋다. 아이 이름에 수식어를 붙여 부를 때는 수식어보다 더 중요한 것이 '부모 마음'을 담는 것이다.

• • •

말 많은 엄마가
말 잘하는 아이를 만든다

~~~

말이 많되 아이보다 지나치게 앞서지는 말자. '말 많은 엄마'는 아이를 주도적으로 말하게 한다.
말 많은 엄마가 말 잘하는 아이를 만든다. 이제 내 아이의 언어 발달에 날개를 달아주자.

본격적으로 말이 많아지는 2~3세, 언어 폭발기로 불릴 만큼 이
시기 최고 발달 과제는 역시 언어 발달이다. 발달상 차이가 있지
만 '문장의 시기'이기도 하다.

• 이어문=二語文 시기

두 단어로 문장을 말하는 시기다. 두 단어로 주어와 조사, 서술
어까지 표현하는 것이다. 두 단어로 문장을 표현한다고 해서 '이어
문 시기'라고 한다.

"엄마(한 단어) + 까까(한 단어) = 엄마 까까(두 단어)"

• 삼어문三語文 시기 또는 문장 시기

세 단어로 의사를 표현하거나 제대로 된 문장을 사용하는 시기로 다음과 같이 세 단어 또는 그 이상을 사용해 표현한다.

"나 + 그거 + 안 해" "엄마 + 여기 + 가자"

언어를 발달시키고
말을 잘하게 하는 방법 7가지

말을 걸어올 때가 '언어 발달의 최적기'

"왜요? 이건 뭐야?"에 즐겁게 반응하자. 이 시기 아이는 질문의 천재성을 발휘하기 시작한다. 아이의 질문에 어떤 반응을 보이느냐에 따라 아이의 호기심과 관찰력을 키워주고 상상력과 창의력으로 이어진다.

아이의 질문에 즐겁게 반응하자. 하지만 열심히 반응을 보이다가도 일일이 반응하거나 대답하기 어려울 때도 있다. 만약 대답하기 어려운 상황이라면 아이의 질문에 대한 '되받음'의 미학을 발휘하라. 아이가 "이게 뭐야?"라고 물으면 "글쎄, 그게 뭘까?"라고 되받아주면 된다.

열린 질문이 무조건 좋다?

이 시기에는 '단답식' 또는 '둘 중 하나 선택'이 필요할 때가 있다. 인지 발달과 언어 발달은 같이 발달된다. 아이의 인지와 사고는 아직 발달중이므로 부모의 '열린 질문'이 아이에게 부담이 될수 있다. 부담스러우면 말하기를 회피할 수 있다. 경우에 따라 열린 질문과 단답식을 현명하게 사용하자.

• 단답 질문이 필요할 때

"몇 권 읽어줄까?"

"열 권!"

"너무 많아."

아이 의견을 묻는 열린 질문을 해서 상황을 복잡하게 만드는 것보다 확실하게 선택하도록 하는 것이 좋다.

"둘 중 하나를 선택하자. 세 권? 한 권?"

아이는 선택이라는 어휘의 의미를 알고 자기주도적 선택 능력도 기른다. 선택이 아니라 필수인 경우에는 순서에 대한 어휘로 아이 결정력을 높일 수 있다.

"세수 먼저 할까? 양치 먼저 할까?"

• 열린 질문이 필요할 때

동화를 읽거나 아이에게 다양한 상상을 펼치게 해야 할 때는 열린 질문이 더 좋다.

"'커다란 순무'로 무엇을 하면 좋을까?"

엄마는 하이톤, 아빠는 중저음 바리톤

엄마는 수다쟁이가 되어라. 묵묵한 엄마보다 톡톡 튀는 엄마, 수다생이 부모가 아이의 언어 발달을 돕는다. 아이를 키우면서 부모가 말을 아낀다는 것은 사랑을 아끼는 것과 마찬가지라고 할 수 있다.

또한 평소 아이에게 말할 때 부모의 표정은 기본적으로 환해야 한다. 훈육할 때는 침착함과 단호함의 표정을 보여야 한다. 부모의 표정은 말에 따라 달라져야 한다. 만약 스스로가 표정이 별로 없다고 생각하는 부모라면 '거울 보기'를 추천한다.

말을 할 때에는 엄마는 약간 하이톤, 아빠는 중저음 바리톤이 좋다. 아빠가 귀여운 목소리를 내려고 노력할 필요 없이 아빠만의 자연스러운 목소리로 친절하게 대하면 된다.

언어의 스캐폴딩을 해준다

스캐폴딩scaffolding은 심리학자 비고츠키Vygotsky가 주장한 용어로 '아이의 현재 언어에 맞추는 것과 아울러 한 단계 높은 수준의 언어를 사용하는 것'을 의미한다. 부모가 아이에게 말을 하면서 부모 스스로 '내 말이 어려워 아이가 알아들을까' 싶지만 언어는 많은 부분 감感으로 발달한다는 것을 활용하자.

> 아이: 엄마, 우리 놀러가는 거지?
>
> 엄마: 응, 그래. 우리 외출하자.

'놀러가다, 소풍가다, 나들이 가다, 외출' 등을 자연스럽게 섞어서 사용하면 다양한 어휘 발달은 물론 더 수준 높은 어휘도 사용하게 된다. 아이는 '아, 이 상황에서는 이런 말을 쓰는구나' 하며 단어를 확장해나간다.

'안 해'라는 말에 놀라지 마라

'안 해'라는 말은 일반적으로 '못해'라는 말보다 먼저 사용하는 단어다. 아이가 "안 해" "싫어"라고 하면 "조그만 게 벌써 반항이야?" 하며 놀라는 엄마도 있다. 이 놀라움은 기쁨의 놀라움이어야 한다.

부정어 '안 해'를 말한다는 것은 우리 아이 생각이 발달한다는 것이고, '인지발달'이 제대로 이루어지고 있다는 의미다. '우리 아이가 잘 자라고 있구나' 하며 흐뭇하게 웃자. '안 해'라는 말에 부모가 어떻게 반응하느냐에 따라 아이는 의견을 발달시킬 수도 있고, 괜한 고집과 반항만 늘어날 수도 있다.

현재형, 미래형, 과거형을 골고루 사용하라

대상 영속성이 발달하면서 아이는 지금 일과 지난 일들 그리고 미래에도 관심을 갖고 알아듣는다. 아이의 듣는 귀(이해 언어 능력)는 표현 언어 능력보다 앞서 있다.

아이에게 맞추되 부모의 언어도 들려줘 아이 언어 수준을 한 단계 높여주자. 미래형, 과거형을 사용하면 대화의 주제가 넓어진다. 또 그 일이 일어났던 때의 느낌과 행동 등을 돌아보며 아이 생각과 세계의 폭을 넓혀간다.

단문과 한두 문장이 좋다

"엄마 우리 과자 샀지?"라고 아이가 말했을 때 "응, 그래. 우리 마트 갔었지? 거기서 우유도 사고 사과도 사고 과자도 샀지? 그리고 집에 와서 맛있게 먹었지?"라고 해야 언어의 롤모델을 보인 것 같다. 하지만 이건 아이가 말할 기회를 빼앗는 것일 수도 있다.

아이가 한 문장으로 말했다면 엄마와 아빠는 두 문장 정도로만 화답해준다. 아이는 여러 문장을 들을 정도로 주의력이 발달하지 않아서 부모의 긴 문장에 지루해하며 말하는 기쁨이 줄어들 수 있다.

형제 싸움에 합리적으로 대처하는
부모의 말습관

아, 정말 왜 그럴까, 우리 애들은? 형제자매 싸움에 대한 상담 사연은 길고도 많다. 하지만 분명한 건 형제자매 싸움이라는 분쟁의 소용돌이에서 부모는 좌초되지 말아야 한다는 사실이다.

카인과 아벨Cain and Abel 이야기로 시작한다면 형제 싸움은 동서 고금에서 낯익은 스토리 중 하나다. 그래도 부모는 내 아이들만큼 은 '사이좋게' 지내기를 바란다. 말도 안 되는 바람이라는 걸 알지 만 부모 마음은 그렇다는 이야기다.

형제자매의 불화 이야기는 성서에만 나오는 게 아니다. 오죽하 면 형제를 두고 '전생의 원수가 만났나보다'라고 할까.

"남한테는 양보도 잘하면서 동생한테는 인색한 아이를 보면 미 울 때가 있어요."

"밖에서는 꼼짝 못하면서 형한테는 얼마나 대드는지. 집안 호랑이라니까요."

"잠시도 둘을 못 붙여놔요. 아들들 아니랄까봐 몸싸움이 장난 아니에요."

형제자매 싸움에 대한 상담 사연은 개개인마다 길고도 많다. 아이들은 알까? 자신들의 싸움으로 부모의 고민이 많다는 것, 부모의 마음이 아프다는 것을 말이다. 분명한 건 형제자매 싸움이라는 끊이지 않는 분쟁의 소용돌이에서 부모는 좌초되지 말아야 한다는 사실이다.

형제 싸움에 대처하는 엄마의 말습관 5가지

황희 정승 화법

"형이 욕했어? 기분 나빴겠다."

"동생이 대들었어? 속상했겠다."

황희 정승 화법은 각자의 편을 이해하는 방법이다. 황희 정승 화법의 효과는 아이가 '부모님이 내 마음을 알아주는구나' 하는 공감 효과로 마음이 풀어진다는 것이다.

해결보다 먼저 공감이다. 부모로부터 자신의 마음을 공감받아야 부모의 다음 말이 들린다.

에코익 화법

에코익 화법은 아이가 한 말을 메아리처럼 들려주는 방법이다. 에코익 화법의 효과는 상대방 이야기를 부모의 담담한 중개로 들으며 객관화할 수 있다는 것이다.

이때 주의할 점은 각각의 아이 마음을 읽어주는 에코익 화법이어야 한다는 것이다. 무의미한 에코익 화법은 부작용만 낳는다. 아이 마음에서 에코익해야 효과가 있다.

변호사 화법

형에게는 "동생은 아직 세 살밖에 안 되어서 형 물건인지 자기 물건인지 모르나봐. 동생한테 허락받는 방법을 가르쳐줘야겠다"라고 말하고, 동생에게는 "형이 엄청 아끼는 장난감이래. 아끼는 걸 허락 없이 만져서 화났나봐"라고 말하는 것이다.

변호사 화법은 '당사자 변호하기'가 아니라 '상대방 변호하기' 기법이다. 이야기를 들으며 처지를 바꿔서 생각하기가 가능해진다. 상대방 아이를 설득하려는 변론이 아니다. 상대방 상황을 들려주는 화법이어야 한다. 부모라는 중재자가 담담하게 상대방 처지를 정리해주는 것임을 잊지 말자.

거부 화법

"상대방을 비난하면 안 들을 거야"를 전제로 한다. "각자 자기 말만 하자"라고 한다. 아이들은 싸움이 상대방 때문에 일어났다고 생각하므로 아이들이 서로 '너 때문에'라고 한다면 부모의 인내도 한계를 드러낸다.

• 거부 화법에 필요한 카드 준비

형제자매 사이에 싸움이 잦다면 평소에 '카드'를 준비하자. 카드는 상대방을 비난하거나 말을 끊을 때 사용한다.

"(카드 들며) 잠깐, 민우야. 지금 형 이야기를 하는 것 같은데. 자기 이야기만 하자. 아빠는 듣기 거부권 행사함."

"(카드 들며) 잠깐, 지금 형 이야기 중이니까 듣자."

모른 척 화법

형제자매 싸움을 중재할 때 걸림돌은 부모가 판결을 내려주고 싶어한다는 것이다. 부모에게는 다 보인다. 심지어 싸움 초반에 누구의 잘잘못인지도 순식간에 안다. 그래서 부모는 "네가 사과해"라며 속전속결하려고 한다. 그러나 이건 형제 싸움 2차전의 불씨를 남긴다. "너 때문에 혼났잖아" "형 때문에 그랬잖아" 등 억울함이 남기 때문이다.

그러면 아이들은 방에 들어가 2차전을 벌인다. 부모가 판결을 내리지 말고 이렇게 해보자.

"아빠는 누가 먼저 사과해야 할지 모르겠다. (이미 들어서 상황을 알지만) 아빠에게 말해줄래? 너희 둘이 더 잘 알 것 같아서 말이야."

강압에 의한 사과는 우리가 경험했듯 효과가 없다. '아이들은 싸우면서 큰다'는 말의 진정한 의미는 부모에게서 완성된다.

현명한 형제 싸움 예방법 3가지

1 싸움에 관한 규칙 정하기

　이 규칙은 엄마 아빠가 일방적으로 정하면 안 된다. 반드시 아이들의 입에서 나온 말이어야 한다. 가장 좋은 방법은 가족회의에서 정하는 것이다. 평소 기분 좋을 때 규칙을 정해놓자.

　* 규칙의 예

　때리면(꼬집으면 등) 안 된다. 욕하면 안 된다. 침 뱉으면 안 된다. 상대가 듣기 싫은 말을 하면 안 된다. 인신공격은 하지 않는다.

2 평소 '부모의 말' 점검

　아이들 싸움의 불씨가 부모 말일 때가 많다. 평소에 아이들 앞에서 아이들의 부족한 부분을 들추지 않아야 한다. 이게 싸움의 소재가 되면서 싸움을 키운다.

　"공부도 못하는 게 까불어."

　"울기쟁이 주제에."

　"맨날 아빠한테 혼나면서."

· · ·

❸ **부모가 보이는 롤모델**

"왜 형제끼리 다투고 그래! 누가 그러랬어. 사이좋게 지내야지"라고 했다면 부모도 이 말에 모범을 보이자. 부모가 형제자매와 사이좋게 지내는 모습을 보이는 것이다. 부모의 형제자매와 전화 통화할 때나 부부가 이야기 나눌 때 이런 모습을 보이면 좋다.

"언니, 저번에는 고마웠어. 이번에 내가 도울 일 있어?"

"자기야, 고모는 정말 좋은 분이야."

• • •

엄마도 아이에게
사과할 줄 알아야 한다

～～～～～

부모가 사과했다고 해서 아이가 무조건 받아들여야 한다는 생각을 버려야 한다.
그리고 진심을 담아 '정말'을 넣어서 사과하고, 아이 마음이 풀리기를 바라며 기다리자.

"엄마가 미안하다고 했잖아!"

"됐어요."

"뭐가 됐어? 사과를 받아들이는 태도가 아니잖아. 사과를 하면
쿨하게 받아줘야지. 엄마는 뭐 사과하기 쉬운 줄 알아?"

"엄마가 너무 심했잖아요."

"알겠으니까 그만하고 화 풀어. 어쨌든 미안해. 사과를 하면 받
아줘야지! 너도 엄마한테 지킬 건 지켜. 넌 엄마한테 잘못하고 제
대로 사과한 적 있어?"

내 마음을 강요하지 말자. 사과는 미안한 내 마음을 상대에게 전하는 것이다. 그 마음을 상대가 받아준다면 더할 나위 없이 좋겠지만 사과를 받지 않겠다고 해도 강요하면 안 된다. 사과의 진정한 의미가 희석되기 때문이다.

마음이 풀어지는 시간은 사람마다 다르다. 빨리 풀어지는 사람도 있고, 몇 시간 또는 며칠 가는 사람도 있다. 우리 아이들도 마찬가지다. "야, 넌 뭘 그런 걸 가지고 그렇게 삐치냐? 사과했잖아" "사과하면 받아주는 게 예의 아냐?" 하는 것도 자기 마음을 타인에게 강요하는 것이다.

아이에게 사과할 때도 마찬가지다. 그렇게 되면 강요받은 아이 마음은 더 냉랭해질 수밖에 없다. 사과는 사과를 하는 부모의 몫이고 풀어지는 것은 아이의 몫이다. 엄마의 사과가 건강한 아이로 키우는 밑거름이다. 이 점을 명심하자.

사과하는 부모의
유형 5가지

아이에게 실수한 경우에 대처하는 부모의 반응도 양육 태도만큼이나 다양하다. 아이에게 사과하는 부모의 유형을 5가지로 정리해보았다.

유형 1: '축소형' 부모

'축소형' 부모는 자기의 실수를 축소하며 무마하려고 한다. "알 았어. 알겠으니까 그만하고 밥이나 먹자" 식으로 잘못을 어영부영 넘기려 한다.

유형 2: '책임회피형' 부모

'책임회피형' 부모는 자신의 실수가 마치 아이의 탓인 양 행동 한다. 이런 부모는 어색하게 사과하고 "그러니까 네가 말을 잘 들 었으면 이럴 일도 없잖아!" 식으로 무마하려고 한다.

유형 3: '권위주의형' 부모

'권위주의형' 부모는 "죽어도 미안하다는 말을 못하겠어요. 자 존심이 상해요"라고 말한다. 아이에게 사과하면 부모의 권위가 떨 어진다고 생각한다. 아이를 존중하는 마음이 없는 것은 아니지만 사과하면 스스로 약자가 되는 것 같은 불안감을 느끼는 것이다. 심지어 점점 아이들이 자기 말을 듣지 않게 될 것이라고 걱정한다.

유형 4: '인본주의형' 부모

'인본주의형' 부모는 자기 잘못을 솔직하게 인정하고 얼른 사과 한다. "엄마(아빠)가 실수했어. 미안하구나"라는 말을 진정성 있게 한다. 아이를 인격적으로 대하는 마음으로 사과할 때 비로소 진짜 사과가 된다는 것을 알고 있는 부모다.

유형 5: '어정쩡형' 부모

아이에게 사과할 때 "어쨌든 미안해"라고 말한다. 아이를 잘 키우고 싶어서 많은 육아책과 정보를 접한 경우다. 축소와 회피, 권위주의가 섞인 어정쩡한 사과는 부모의 본심까지 의심스럽게 만든다. "어쨌든 미안해"가 아닌 "그래서 미안해"가 되어야 한다.

자존감 높은 부모는
사과도 잘한다

진정한 자존감은 스스로 잘못했다고 인정하고 미안하다고 표현할 줄 아는 것이다. 자존심을 내세워 할 말을 안 하는 것이야말로 자존감이 낮은 태도다. 자존감은 잘못을 회피한다고 해서 지켜지는 것이 아니다.

완벽하려는 부모일수록 오히려 사과하지 않으려는 모습을 보인다. 이러한 태도로 부모의 자존심은 지켜질지 몰라도 아이의 자존감은 낮아진다. 가장 사랑하는 부모님에게서 존중받지 못했기 때문이다. 부모의 실수로 기분이 나빠진 아이에게 마음을 털어놓는 용기가 필요하다.

용기는 자존감의 중요한 요소다. 자존감이 높아야 사과도 잘할 수 있다. 아이가 자신의 사과를 받아주지 않는다고 느낄 때 더욱 자존감 관리가 중요하다. 자존감이 부족한 부모는 아이에게 기껏 사과해놓고 사과를 받는 아이의 태도가 마음에 안 든다며 버럭 화를 내기도 한다.

사과했다고 해서 아이가 무조건 그 사과를 받아들여야 할까? 진심을 담아 '정말'을 넣어서 사과하고, 아이 마음이 풀리기를 바라며 기다리자.

부모의 사과가
아이의 자존감을 높이는 이유

아이가 존중받는 느낌을 받으면 자존감이 높아진다. 부모의 사과는 아이가 받은 서러움이나 억울함 등의 감정, 즉 아이가 받은 상처를 보듬고 어루만지며 억울함을 해소해줌으로써 아이 자존감을 높인다.

사과하면 부모의 자존감도 높아진다. 어린아이를 인격체로 존중해주는 자신에게 부모로서의 유능감을 느끼게 될 것이다.

자존감이 높은 부모를 둔 아이는 인간관계를 대립 구조가 아닌 협력과 동등함의 구조로 이해하고, 대인관계를 맺는 방법을 배워 사회성도 발달하게 된다. 사과하면 아이의 자아정체성 형성에도 긍정적인 영향을 준다.

부모라는 어른도 자신과 같은 어린아이에게 잘못을 인정하며 미안하다고 사과하는 환경에서 자란 아이는 최고의 선과 도덕적 가치를 배울 수 있다.

비 온 후 땅이 굳어지고 태풍이 분 후 바다는 더 고요해진다. 실수에 대한 부모의 사과로 부모와 자녀 사이의 믿음이 탄탄해지고 신뢰가 쌓이며 사이가 돈독해진다. 실수를 모면하기 위한 사과가 아니라 '아이야, 너를 존중해'라는 의미를 담은 부모의 사과가 아이의 자존감을 키워준다.

사과의 333 법칙

• 3초 이내에 사과하라

사과에도 '여기, 지금, 바로'가 적용되면 좋다. 미안한 마음을 오랜 고심 끝에 표현하는 것보다 지금, 여기서, 바로 인정하는 것이 좋다.

• 30초 이내에 말하라

너무 길게 말하면 또 다른 설교가 될 수 있다. 미안한 마음을 담은 메시지를 담아 짧게 전하자. 30초도 아이 반응을 보기 위해 필요한 시간이므로 더 짧아져도 괜찮다.

• 30분 후 확인하라

아이 기분이 바로 좋아지거나 풀어지기를 기대하면 부모도 맥이 빠질 수 있다. 아이 스스로 사과를 받아들이고 소화할 시간 여유를 주자. 아이에 따라 3일이 갈 수도 있다.

• • •

우리 아이 기 살리기 vs.
우리 아이 기죽이기

~~~~~~~~~~

아이는 모두 실수하며 자란다. 잠시 호흡을 한번 가다듬으면 따뜻한 손길·눈길·말로 아이에게
메시지를 전할 수 있다. 우리 아이 기를 살리는 건 무엇보다 부모의 온기다.

아이스크림이 엄마 얼굴에 정확하게 맞았다. 그러나 엄마는 가만히 서 있었다. 아이가 제풀에 "엄마 미워" 하며 경기 난 목소리로 울었다. 하지만 엄마는 아무 말도 아무런 행동도 하지 않았다.

울던 아이는 엄마를 힐끔 보더니 "잘못했어요. 잘못했어요. 엄마, 용서해주세요" 하며 두 손을 비비면서 용서를 구했다. 그러면서 아이가 엄마 손을 잡으려고 하는데 엄마는 아이 손을 매섭게 뿌리쳤고, 그 바람에 아이가 휘청거렸다.

엄마는 아이를 때리지도 않았고 큰소리치지도 않았다. 다만 아이를 쳐다보았을 뿐이다. 그러나 아이를 쳐다보는 눈은 너무나 무

서웠다. 아이를 쳐다보는 엄마의 눈은 눈길이라고 하기에는 너무 차가웠다. 그리고 이어서 "따라와" 하며 아이를 낚아채는 듯한 엄마의 손길에 아이는 휘청거렸다.

아이가 부모에게서 배우는
감정조절법

위의 엄마는 아이에게 큰소리를 치지도 않았고, 아이를 꾸짖지도 않았다. 얼핏 보면 엄마는 떼쓰는 아이에게 꽤나 감정조절을 잘한 듯 보인다. 하지만 감정조절과 무서움은 분명 다르다는 것을 기억해야 한다.

자녀 양육에는 엄격함이 필요하다. 그러나 무서움과는 달라야 한다. 아이는 모두 실수하며 자란다. 본능이 앞서는 발달단계에 있는 영유아기에는 본능대로 행동하므로 자기 마음에 안 들면 마음대로 행동한다. 떼 부리기, 울기, 던지기, 꼬집기, 삐치기 등 아이마다 강약 차이가 있을 뿐 비슷하게 나타난다.

영유아기는 감정이 앞서는 시기이며 심리학자 장 피아제Jean Piaget가 말한 대로 자기중심성이 강한 시기이므로 이성적인 부모의 기준과 충돌할 때가 많다.

감정은 모두 소중하다. 분노도 건강한 분노는 세상을 변화시키기도 한다. 하지만 분명히 잘 표현해야 할 감정이 있다. 그것을 '나쁜 감정'이라고 표현할 수 있지만 만약 거슬린다면 '안 좋은 감정'이라고 표현해도 좋다. 불쾌하고 나쁜 감정은 표현하기 전에 조절이 필요하다. 그래서 '나쁜 감정'에는 주의를 기울여야 한다.

좋은 감정은 아이에게 그대로 아낌없이 표현하면 되지만 나쁜 감정이 올라올 때는 부모의 감정 표현이 남달라야 한다. '안 좋은 감정'일 때 부모는 그 감정에 끌려가지 말고 감정을 조절할 수 있어야 한다.

그 이유는 아이의 감정(불쾌함, 화남, 공격 등)과 부모의 감정(화, 분노 등)이 충돌하면 아이가 위험하기 때문이다. 또한 아이가 부모에게서 배우는 감정조절법은 이 세상 어느 곳에서도 배울 수 없는 귀한 배움이 되기 때문이다.

그러나 이것은 아이를 앉혀놓고 가르칠 수 있는 것이라기보다 일상생활에서 부모 모습을 보면서 배우는 것이다. 아이와 함께하는 모든 시간 동안 아이들은 보고 배운다.

엄마가 내뿜은 레이저 같은 눈빛에 담긴 '독', 엄마가 잡아챈 손에서 전해진 지독한 '손독', 그리고 엄마 입술을 비집고 나온 분노의 숨결과 아이가 용서를 비는데도 끝내 거부하는 온몸으로 표현하는 '냉정함'은 감정조절이 아니라 지독한 감정 표현이다.

엄마의
눈독·손독·침독·말독

엄마의 눈독

'눈독 들인다'라는 말이 있다. 눈독은 '눈의 독기'를 뜻하기도 하지만 '욕심을 내어 유심히 지켜보고 간절히 원하는 기운'이라는 뜻으로 쓰이기도 한다. 결국 사람의 눈길이 얼마나 강력한 것인지 나타내는 말이다. 눈길은 무섭게 보낼 수도 있고, 어루만지듯이 보낼 수도 있다.

부모 교육 특강 시간에 엄마들에게 아이 때문에 화가 났을 때 나도 모르게 매서운 눈길을 보낸다고 말하며, 그때의 표정을 거울을 보고 해보자고 한 적이 있었다. 엄마들이 모두 놀랐다.

'내가 아이에게 이런 눈길을….'

이런 독한 눈길을 보낸다고 해서 아이 행동이 수정되지 않는다는 것을 우리는 잘 알고 있다.

엄마의 손독

손독이라는 말도 있다. 손길에 또는 손끝으로 병균을 옮긴다거나 상처를 잘못 만졌을 때 상처를 덧나게 할 수도 있고 곪게 할 수도 있다는 뜻으로 종종 사용된다.

손에는 엄청난 사랑을 표현할 수 있는, 또는 미움을 표현할 수 있는 '힘'이 있다. 손에는 표정도 있다. 무용가나 연기자들을 보면 그들의 손끝에 수많은 표현이 들어 있음을 알 수 있다. 손에도 표정이 있고 감정이 담긴다. 때문에 엄마의 손에는 따뜻한 사랑이 담길 수도, 매보다 더 아픈 차가움이 담길 수도 있다.

"따라와" 하며 잡은 엄마의 손길에는 '손독'이 있다. 아이에게 병균보다 더 위험하고 체벌만큼이나 큰 아픔을 주는 분노의 독이다. 이런 분노가 손에 가득하다면 차라리 아이 손을 잡지 않는 게 좋다. 손독을 조심하자.

엄마의 침독

침독이라는 말도 있다. 침은 소화를 돕고 입안이 건조해지지 않도록 하며, 병균이 몸속으로 들어오지 못하게 막아주는 역할을 한다. 그러나 독이 될 수도 있다. 사랑할 때는 침을 교류하고 증오할 때는 침을 뱉는 것을 보면 인간에게 침은 상당히 중요한 의미가 있는 것이 확실하다.

사람이 화가 나면 호흡이 불규칙해진다. 아이들을 독하게 쳐다보고 거친 숨결을 전하는 것은 침독보다 더 무서운 것이다. 분노에 찬 사람의 숨결을 냉각해 쥐에게 주사했더니 쥐가 죽었다는 정신의학자 게이츠Elmer Gates의 실험은 엄마의 분노에 찬 숨결이 아이에게 어떤 위해를 가할 수 있는지를 보여준다.

엄마 말에 말독이?

손에, 눈에, 침에도 독이 있으니 말에 독이 없을 리 없다. 눈독과 손독, 침독을 모두 모아 말에 담으니 가장 위험하고 치명적인 독이 '말독'이다.

화가 나서 거친 숨을 몰아쉬고 있다면 아이에게서 물러서자. 아이 때문에 화가 나서 도저히 감정조절이 안 될 때는 차라리 아이에게 향하는 눈길을 거두고 아이와 접촉하지 않는 것도 감정을 조절하는 방법이다.

"엄마가 지금은 화가 많이 나서 너에게 안 좋은 말을 할 것 같으니 조금 있다 이야기하자"라고 아이에게 '아이 메시지I-message'를 전하는 것도 방법이다. 화가 났을 때는 아이와 잠시 떨어져 긴 호흡을 몇 번 한 후 아이와 마주하는 것이 좋다.

아이가 떼쓸 때 화내지 않고 해결하는 7단계

• 1단계: 지켜본다.

눈길에 감정을 담지 말고 담담한 눈길로 지켜본다. 아이의 떼와 울음이 잦아들 무렵 눈높이 대화, 감정코칭의 대화로 접근한다.

"떼를 부린다고 다 가질 수 있는 건 아니야."

• 2단계: 아이가 갖고 싶어하는 감정을 공감한다.

비록 아이의 요구를 들어줄 수는 없어도 그 마음은 이해해준다.

"갖고 싶었구나. 그런데 갖지 못해 속상했구나."

• 3단계: 감정은 알아주되 모든 행동을 받아주지는 않는다.

알아주고 이해한다고 해서 들어주라는 의미는 아니다.

"그렇지만 이 장난감은 집에도 있는 것으로 알고 있어."

• 4단계: 아이에게 결론을 내게 한다.

"엄마 생각에는 집에 가서 확인해본 다음 다시 생각해보는 게 좋을 것 같은데 네 생각은 어때?"

비록 단답식 질문 같아도 아이가 대답을 하도록 하는 게 의미가 있다.

• • •

· 5단계: 아이가 합리적인 결론을 내릴 것이라고 믿는다.

"네 생각은 어때?"라는 말이 효력이 있음을 믿어라. 아이는 부모가 일방적으로 주입하는 옳은 소리는 억울해하거나 잔소리로 여길 수 있지만 자신이 선택한 것에는 책임을 지려 한다는 마음을 믿는 것이다.

· 6단계: 약속을 확인한다.

아이가 한 약속을 한 번 더 정리해준다.

"그렇게 생각했구나. 그러니까 집에 가서 비슷한 장난감이 있는지 확인하고 그다음에 엄마와 이야기해본다는 거지?"

· 7단계: 현재 기분을 물어보고 결정을 칭찬하며 마무리한다.

"그래. 이제 가서 확인해보는 거야. 우리 딸. 더 고집부리지 않아서 고마워."

사실 아이는 더 고집부릴 수도 있다. 하지만 이 정도에서 말이 통한 것도 엄마와 아이 모두 고마운 일이니 칭찬받아 마땅하다.

· · · ·

1분만 참아야 하는 말 vs. 1분 안에 해야 하는 말

아이를 재촉하거나 다그치는 말은 1분만 참아보자. 대신 그 1분 동안 아이에게 사랑의 말을 하자. 1분 안에 하는 반가움의 표현은 생각보다 훨씬 훌륭한 사랑의 묘약이 된다.

저녁 7시, 종일반 아이들이 하나둘 엄마 아빠 손을 잡고 집으로 돌아간다. 모두 돌아가고 남겨진 아이들은 약간 의기소침해진다.

"띵동!"

현관 벨이 울리자 선생님보다 빨리 반응하는 것은 목이 빠져라 엄마와 아빠를 기다리던 아이들이다.

"엄마, 엄마! 이거 봐요. 내가 만들었어요!"

현우는 자랑스레 손에 든 작품을 엄마에게 내밀며 신발을 신는다. 엄마는 현우가 신발을 신는 동안 아이 작품을 이리저리 보면서 "와, 우아" 감탄사를 하며 현우 앞에 쪼그려 앉아 현우와 대화한다.

종알종알 하루 동안 있었던 일을 이야기하는 현우와 그 말을 듣는 엄마는 말 그대로 웃음꽃이 만발이다. 엄마의 손에는 현우의 작품이 들려 있고 현우는 신발을 스스로 신는다.

벨이 울리자 동연이도 쪼르르 현관으로 뛰어간다.

"엄마."

"어휴! 옷 좀 봐! 얼룩투성이네. 옷이 지저분하잖아."

"…."

"뭐해? 얼른 가방 메고 나와. 집에 가게."

동연이가 시무룩해져 말한다.

"여기 멨잖아."

"알았어. 앉아."

엄마는 동연이의 신발을 신겨주기 시작한다.

"엄마가 옷 버리지 말랬잖아. 왜 신발도 제대로 못 신어. 손에 든 거 내려놓고 네가 얼른 신발 신어."

말에도
순서가 중요하다

엄마가 '손에 든 거'라고 표현한 동연이의 '손에 든 것'은 오늘 활동중 만든 동연이의 '작품'이었다. 동연이는 엄마를 보자마자 손에 든 작품을 자랑하고 싶었다. 현우가 그랬듯 "엄마, 엄마 이거 봐요. 내가 만들었어요"라고 말이다. 동연이 손에는 엄마에게 전하고 싶었던 작품이 여전히 들려 있고, 엄마는 아이 신발을 신겨준다.

신발은 신겨주지 않아도 괜찮다. 아이 혼자도 신을 수 있으니까. 엄마가 '가방 메라, 신발 신어'라고 말하지 않아도 집에 가려면 가방을 메고 신발을 신어야 한다는 것은 아이들도 잘 알고 있다.

엄마는 사랑하는 아들 동연이를 보자마자 아들의 옷까지 보인 것이다. 사랑하니 모든 것이 순식간에 보인 것 또한 엄마의 자녀 사랑 마법이긴 하다.

퇴근하고 아이를 데리러 온 엄마는 피곤할 수 있다. 저녁 7시, 퇴근 후 부랴부랴 아이를 데리러 간 워킹맘이라면 아이가 '뭉그적거리는' 모습이 더 답답하게 느껴질 수도 있다. 빨리 데리고 얼른 집에 가야 한다. 집에 가서 할 일이 태산이다. 그러니까 반가운 표현은 뒤로 밀려나고 귀가 준비에 마음이 앞선다.

하지만 아이를 재촉하거나 다그치는 말은 1분만 참아보자. 그리고 그 1분 안에 아이에게 해주는 사랑의 말을 하자. 1분 안에 하는 반가움의 표현은 생각보다 훨씬 훌륭한 사랑의 묘약이 된다.

• 1분만 참으면 되는 말

"어휴, 옷에 뭘 또 흘렸니!"

"빨리빨리 준비해. 집에 가야지."

• 1분 안에 해야 하는 말

"아들, 보고 싶었어!"

"정현아, 한 번 안아보자."

"민우야, 오늘도 즐거웠어? 엄마도 잘 지내고 왔단다."

부모가 하는 말은
순서가 중요하다

1분 안에 해야 하는 말로 서로 행복해지면 '꼭 해야 할 말'도 기분 좋게 할 수 있다. 우리는 부모 아닌가! 부모는 아이를 기쁘게도 해야 하지만 가르치기도 해야 한다. 때로는 훈계와 잔소리 아닌 잔소리도 해야 한다. 그런데 잘 가르치려면 아이 마음도 열리고 부모 마음도 편안해야 한다. 마음이 닫히면 귀도 닫힌다.

1분 안에 부모와 아이 모두 마음이 활짝 열리는 말로 시작해야 좋다. 다음은 1분 안에 해야 할 말로 행복해진 부모와 아이의 대화를 상상하며 써본 것이다. 더 멋지게 응용해서 아이와 마음 통하는 대화를 하기를 바란다.

"오늘 뭐 맛있는 거 먹었어?" 또는 "정말 맛있게 먹었나보네. 옷에도 흘릴 정도로 맛있었어?" 또는 "옷도 밥을 먹었네?" 하며 의인화 기법으로 말을 건넬 수도 있다. 이때 아이는 부모의 말이 재미있어 '히히' 웃을 수도 있다. 아이를 웃게 하면 대화는 더 잘된다.

"내가 안 흘리려고 했는데 반찬이 떨어졌어."

"아, 안 흘리려고 했는데 반찬이 떨어졌어?"

"아니, 젓가락질을 잘 못해서 반찬이 미끄러졌어."

"그럼 이따 저녁 먹을 때 우리 젓가락질 하는 거 연습해볼까?"

하원하는 아이를 보자마자 "옷은 왜 그런 거야? 흘리지 말랬잖
아. 옷 버리니까 조심하랬잖아. 가방은? 빨리 신발 신어"라며 혼내
는 듯한 1분 사랑을 표현하는 부모보다 하루 이별을 보상하고도
남을 듯한 환한 웃음을 지으며 안아주고, 그다음에 꼭 가르칠 말
을 자분자분 풀어내는 부모가 아이에게 훨씬 좋다. 아이는 그런
엄마와 아빠가 좋다.

사랑의 말,
진짜 존댓말

존댓말은 사람을 존중하고 배려할 때 완성되는 '사랑의 말'이다.
존댓말의 힘이 우리 아이들이 행복한 세상을 살아가는 데 큰 힘이 될 것이라고 확신한다.

"커피 준비되셨습니다."

"컬러감도 좋으시고요."

"다른 상품도 있으세요."

집 바깥에서 들리는 말은 온통 존댓말 세상 같다. 그런데 이 말들이 진짜 존댓말이 아닌 건 이 말을 사용하는 아르바이트생도, 직원도 다 안다. 무조건 다 올려줘야 고객들이 좋아하거나 최소한 실수가 없다고 생각하기에 물건에도 경어를 사용한다고 한다. 하지만 속사정을 알고 보면 '존댓말을 정확하게 사용하기가 어려워서'라고 한다.

존댓말을 정확하게 사용하기는 쉽지 않다. 외국인이 한국말을 배울 때 어려워하는 부분이 존댓말이라는 말도 있다. 존댓말을 교과서나 문법으로 접하면 결코 쉽지 않은 것이 사실이다. 그래서인지 존댓말을 폄하하는 경우도 있다.

"존댓말을 하면 왠지 거리감이 느껴져서."

"너무 예의를 강조하고 상하를 가르는 것 같아서."

존댓말의 형식만 보면 어렵고, 딱딱하고, 거리감이 느껴진다는 말도 일리가 있지만 존댓말의 실체를 알고 나면 '아, 존댓말, 참 좋은 말'이라는 것에 백배 공감할 것이다.

결론부터 말하면, 존댓말에는 힘이 있다. 존댓말은 상대를 존중하는 마음을 담아 상대와 상황에 맞게 말하는 총체적인 사랑의 말이기 때문이다.

존댓말은 단순히 상하식 격식을 차리는 말이 아니라 인간에 대한 예의와 존중을 담은 말이다. 사랑이 딱딱할 리 없고, 사랑의 말이 거리감이 있을 리 없다. 오히려 우리를 가까이, 더 가까이 하도록 해준다. 존댓말에는 그런 힘이 있다.

존댓말의 힘,
인성과 뇌 발달

그래서일까? 아이가 어렸을 때부터 가정에서 존댓말을 잘 가르치려는 부모님이 많다.

"아직 어린데 그 어려운 존댓말을?"보다는 어릴 때 습관이 중요하니까 언어습관도 어릴 때 잘 들이면 효과가 있을 것이라고 생각하는 것이다. 존댓말은 평소에 자연스럽게 '감'으로 배우는 게 좋다. 그럼 누구에게 배우는 게 가장 좋을까? 당연히 부모다.

존댓말은 부모와 대화하면서 정확하게 배울 수 있다. 말의 T(때), O(상황), P(사람)가 가장 잘 적용되는 것이 바로 존댓말이다. 우리 아이가 존댓말을 제대로 사용한다는 건 사회성, 인성, 인지발달이 우수하다는 뜻이라는데 정말 그런지 살펴보자.

존댓말은 지금 듣는 사람, 즉 청자를 고려해야 한다. 상대의 나이, 자신과 관계 등을 파악해야 잘 사용할 수 있다. 어떤 상황인지도 고려해야 한다. 예를 들어 상대가 그의 제자나 자녀들과 있을 때는 비록 친구라 하더라도 분위기에 맞게 존댓말을 해야 한다. 존댓말은 그래서 '맞춤식 말'이기도 하다. 상대에 맞추고 상황 등에 맞추어야 하기 때문이다.

이 과정들이 전두엽을 발달시킨다. 전두엽은 종합하고, 생각하고, 분석하고, 판단하는 뇌의 총사령부다. 존댓말이야말로 전두엽의 순간적인 종합·분석·판단을 거쳐 그에 합당한 말로 표현되는 고급 언어다.

존댓말을 잘하려면 전체 뇌를 사용해야 한다. 바른 존댓말 사용이 언어를 관장하는 측두엽과 전두엽 발달을 촉진하기 때문이다. 부모님이 들려주고 가르쳐주는 존댓말은 아이의 어휘와 언어 발달 수준도 끌어올려준다. 상대에 맞추고 배려하는 말을 하는 아이는 관계를 잘 형성하므로 사회성이 높고 자신감이 있다. 자신과 타인에 대해 자긍심이 높으며 자존감과 인성이 바르게 형성된다.

존댓말에는 뇌 발달, 어휘력, 자신감, 자존감, 사회성, 인성을 길러주는 '힘'이 있다.

진짜 존댓말 vs. 가짜 존댓말

"오빠, 서아 옷 좀 입혀줘."

"응, 알았어."

부부끼리 주고받는 말이다. 잠시 후 아빠가 아이에게 말한다.

"서아야, 아빠한테 오세요. 아빠랑 옷 입어야 해요."

부부끼리는 반말을 하면서 어른인 아빠는 아이에게 존댓말을 한다. 아이에게 존댓말의 롤모델이 되려는 의미라면 아이가 있는 자리에서는 부부끼리 존댓말을 사용하는 게 좋다.

"서아 아빠, 서아 옷 입는 거 도와주(시)겠어요?"라고 말해야 아이에게 존댓말을 가르치려는 부모의 롤모델이라고 할 수 있다. 아이에게 존댓말을 잘 가르치고 싶다면 아이 앞에서는 부부끼리도 자연스럽게 존댓말을 사용하는 게 효과적이다.

아이가 태어나 10년 동안이 언어의 골든타임이다. 아이가 평생 사용할 언어를 가장 많이 그리고 빠르게 배우는 시기이기 때문이다. 존중하는 말, 배려하는 말, 상황에 어울리는 말로 아이의 언어를 풍부하게 하자. '진짜 존댓말'을 사용하면 된다.

강조하지만 존댓말에도 진짜 존댓말이 있고 가짜 존댓말이 있다. 가짜 존댓말이라니 조금 낯설 수도 있다. 존댓말은 문법상 경어가 아니라 상대에 대한 존중의 마음을 담아야 진정한 존댓말이다. 예를 들어 "너나 잘하세요"는 그 말이 존댓말 형식을 띠었지만 존대하는 말이 아니기에 더욱 강렬한 인상을 준다.

"아주 잘 했어요~"에 비아냥거림과 조소를 담았다면 "잘못했어!"라고 직접적으로 다그치는 것보다 더 무섭다. 존댓말은 제대로 써야만 비로소 아이를 잘 키우는 힘을 가지게 된다.

존댓말은 표정·눈짓·몸짓·말투·태도 등이 조화를 이루어야 진짜 존댓말이다. "식사하세요"라고 하면서 턱짓으로 식탁을 가리킨다면 어떨까? 마치 '밥이나 먹어'로 전해지지 않을까. 존댓말은 '들리는 말'과 '전해지는 말'이 일치되어야 한다. 들리는 말이 존댓말인데 전해지는 느낌이 묘하다면 그건 '가짜 존댓말'이다.

그렇다면 어떻게 해야 진짜 존댓말로 전해질까? 먼저 듣는 사람, 즉 청자에게 다가간다. 그다음에는 알맞은 목소리로 말한다. "(호칭을 부르며) 식사하세요." 존중의 언행일치가 이뤄질 때 비로소 존댓말이 완성된다.

존댓말은 사람을 존중하고 배려할 때 완성되는 사랑의 말이다. 존댓말에는 말하는 사람의 손짓, 말투, 경청과 공감, 태도가 포함된다고 강조한 이유다.

반드시 존댓말 문법 형식을 갖추지 않더라도 '존중과 따스함을 담은 말' 그런 진짜 존댓말로 아이를 키우자. '진짜 존댓말'의 힘이 우리 아이들이 행복한 세상을 살아가는 데 큰 힘이 되어줄 것이라 확신한다.

존댓말 교육 노하우 3가지

1 유아를 위한 존댓말 가르치기

아이가 반말했을 때 지적하지 말고 바른 에코익으로 반응하자.

아이: 엄마, 이거 도와달라고.

엄마: 엄마가 도와줄까요?

유아기 자녀는 부모가 서로 존댓말을 사용하는 것을 보고 들으며 모방하므로 부부도 존댓말을 사용한다.

2 존댓말 배우는 적기를 지난 자녀의 경우

이 시기 자녀는 존댓말을 몰라서 안 쓰는 게 아니므로 가르치기보다 부모의 의사를 알려주는 게 좋다.

"너, 왜 반말해!"

이렇게 하면 안 된다. 사춘기 자녀의 경우 명령, 지적의 말에는 반항 심리를 보이므로 '부탁'과 '청유'의 말로 해야 잘 전달된다. 존댓말을 사용할지는 부모의 강권이 아니라 자녀가 선택하는 것이 좋다.

"존댓말을 사용했으면 좋겠어. 그럴 수 있겠니?"

이 시기는 부모가 자녀에게 대하는 태도(존중하는 손짓, 몸짓, 태도)가 존댓말 롤모델이다. 부모가 보이는 존댓말의 롤모델은 자녀의 말을 도중에 끊지 않고 끝까지 경청하는 것, 턱짓, 손가락 사용 등을 자제하고 손짓이나 부드러운 말투로 부탁하거나 권하는 것 등이다.

• • •

❸ **부모의 부모에게 보이는 롤모델**

　자녀가 존댓말을 사용하기 바란다면 부모의 부모님께 존댓말을 사용하는 모습을 보이는게 좋다. 또한 자녀 앞에서 부부끼리 존중하는 모습을 보인다면 그 또한 좋은 롤모델이 된다.

· · ·

아이 이름 그대로 소중하게 불러보도록 하자.

부모가 아이 이름을 제대로 불러줄 때 아이는 존중감을 느끼며 제대로 잘 자란다.

이름을 잘 불러서 아이의 존재감과 자부심을 키워주자.

아이의 감정 읽는 법 1 "뚝 그쳐! 무슨 큰일 났다고 그래?"
아이의 감정 읽는 법 2 "아이 말을 왜 잘 받아줘야 하나요?"
아이의 '분리불안' 때문에 육아가 너무 힘들다면 이렇게 해보자
아들에게 '멀티'를 기대하지 마라
사회성 좋은 내 아이, 말 연습이 필요하다
부모의 말이 아이의 사회성을 결정한다
우리 아이 '인기남'으로 키우는 비법은 따로 있다

2장

아이의 건강한 감정과 사회성은 엄마 책임이다

아이의 감정 읽는 법 1
"뚝 그쳐! 무슨 큰일 났다고 그래?"

~~~~~~~

감정코치형 엄마는 우선 아이 마음을 공감한다. 아이 성적이 떨어져 엄마도 속상하지만 그보다 먼저 아이 마음을 알아주는 말을 한다. 그렇게 자란 아이는 달라도 무척 다르다.

아이가 울면서 아빠한테 말한다.

"아빠, 어떡해. 금붕어가 죽었어."

아빠가 말한다.

"뭐? 금붕어가 죽었어? 무슨 그깟 일 갖고 그래. 오늘 아빠랑 피자 먹으러 갈까?"

아이가 계속 울자 아빠가 다시 말한다.

"왜 그래? 너 피자 좋아하잖아."

하지만 아이는 여전히 울음을 그치지 않는다. 아빠는 다른 방법으로 위로를 시도한다.

"그럼 아빠가 다른 금붕어 사줄게."

그래도 아이는 여전히 슬퍼한다. 하지만 이 정도면 좋은 아빠다. 아이가 그렇게 슬퍼하는데도 이렇게 달래는 아빠도 있다.

"난 또 뭐라고. 그깟 금붕어 한 마리 때문에 그래? 누가 들으면 엄마, 아빠 죽은 줄 알겠다."

'MBC 스페셜'에서 방영했던 〈내 아이를 위한 사랑의 기술〉의 장면이다.

부모의 반응에 따라
아이의 미래가 달라진다

자녀가 청소년이 되면 부모는 '대화와 소통'을 시도하지만 번번이 엇나가간다. 왜 그럴까? 예전에는 많은 부모가 아이의 감정을 살펴주지 않았다. 만약 "어? 금붕어가 죽었어? 그래서 우리 ○○이가 우는구나"라고 부모가 먼저 아이 감정을 알아주었다면 아이가 커서도 소통이 어렵지 않았을 것이다.

아이가 어렸을 때는 감정을 무시하고, 자라면서는 공부에 치중해 다그치기만 하니 문제다. 그렇게 성장한 자녀가 이제 입을 꾹 다물고 속마음을 이야기하지 않으면 그때서야 "네 마음을 말해줘. 엄마랑 아빠는 너와 이야기를 나누고 싶어"라고 한다. 하지만 자녀와 부모 모두 어디서부터 시작해야 할지 막막할 뿐이다.

내 아이가 품 안에 들어오는 지금부터 아이 감정을 진심으로 읽어주자. 어떻게 하면 좋을까?

아이의 감정을
제대로 읽으려면?

그깟 일로 울어

"뭘 그런 걸 갖고 그래? 그게 속상할 일이야?"라며 아이 감정을 일축하는 엄마는 '축소 전환형'이다. 이런 반응을 보이는 엄마에게서 자란 아이는 자기감정 따위는 별로 중요하지 않다고 생각한다. 그리고 같은 경험이 반복될수록 아이의 결정력 발달에 좋지 않은 영향을 미친다. 오직 엄마 감정에만 의지한 채 주도성과는 거리가 멀어지는 것이다.

뚝 그쳐, 무슨 큰일이 났다고 그래

"속상하긴. 너만 속상해? 너만 하기 싫어? 뚝 그쳐. 친구끼리 왜 싸워? 친구랑 싸우는 거 아냐. 사이좋게 지내" 하며 아이가 무슨 말만 하면 감정을 억압하는 엄마도 있다. 바로 '억압형'이다. 아이 감정을 알아주기는커녕 훈계와 설교가 길다. 아이는 아예 '엄마한테 말해봤자 뻔해'를 학습하고는 입을 다물어버린다. 자기감정을 솔직히 드러내봤자 좋지 않다는 사실을 배운 아이는 감정을 건강하게 발달시키기가 힘들다.

억압형 엄마가 하는 말을 들어보면 거의 대부분 명령으로 일관된다. 엄마 말에는 '무조건 엄마 말대로 해야 해'라는 속뜻이 들어있다. 누구든 자신을 알아주는 사람에게 말문을 여는 법이다.

시간이 지나면 알아서 그치겠지

억압형보다 더 위험한 엄마 유형이 있다. 바로 '방임형'이다. 방임형 엄마는 "네가 알아서 해. 실컷 울어"라는 식으로 아이 감정에 진지한 반응을 보이지 않는다. 엄마가 반드시 달래야 할 상황에서도 내버려둔다. 자칫 민주적인 것처럼 위장되어 엄마 스스로도 헷갈릴 때가 있다. 매사 무기력하고 우울한 엄마라면 방임형이 아닌지 돌아봐야 한다. 이런 엄마에게서 자란 아이는 자기조절력과 사회성이 떨어진다.

아이는 엄마에게 잘 보이려고 눈치를 보게 되는데 이는 애정 결핍과 정서 불안으로 이어진다. 사랑을 받기 위해 주의를 끌만한 행동을 하려다가 되려 엄마에게서 꾸중과 질책을 받는다. 아이는 불안정해하며 '나는 형편없는 아이'라고 스스로 평가한다. 자신에 대해 자조적인 아이는 거짓말, 무기력함, 난폭한 행동 등의 양상을 보인다.

아이가 '나는 충분히 사랑받고 있어' '나는 소중한 존재야'라는 느낌을 받는 것은 건강한 자아를 세우는 데 중요하다. 아이를 사랑하지 않는 엄마는 없다. 아이가 그 사랑을 느끼게 해야 한다. 특히 엄마의 말로 표현해야 가장 정확하게 전달된다.

금붕어가 죽어서 정말 속상하겠구나

미국의 가족 치료 전문가 존 가트맨John Gottman이 제시한 부모 유형에서 그가 추천한 가장 이상적인 유형은 무엇일까? 이미 널리 알려졌듯 바로 '감정코치형'이다.

감정코치형 엄마는 어떻게 말할까? 우선 아이 마음을 공감한다. 성적이 떨어져 고민인 아이가 있다. 물론 아이 성적이 떨어져 엄마도 속상하지만 그보다는 먼저 당사자인 아이 마음이 어떨지 알아주는 말을 한다.

"열심히 했는데도 성적이 생각만큼 안 나와서 속상하지?" 이때 아이가 속상해하면 "속상하지?"로, 아이가 힘들어하면 "힘들었지?"로, 아이가 울면 "그래서 눈물이 나는구나"로 마음을 알아주고 위로한다. 마음을 알아주는 엄마 앞에서 아이는 진심으로 위로를 받고 건설적인 대책도 세운다.

엄마는 '해결사'가 아닌 '상담사'가 되어야 한다

아이가 바르지 못한 행동을 할 때 마음만 알아주면 될까? 순서를 정해야 한다. 마음을 알고 이유를 알아주자. 이렇게 하나씩 과정을 거치다 보면 아이도 엄마도 거친 감정이 가라앉게 된다. 그다음 아이의 (잘못된 또는 수정할) 행동에 대해 이야기를 나눠야 한다. 이른바 '한계'를 정하라는 것이다. 무한대의 자유는 없다.

아이 마음(감정)은 소중하지만 마음대로 할 수만은 없다는 것도 알려주는 부모가 있어야 바람직한 행동을 하면서 세상과 조화롭게 사는 아이로 자란다. '조절감'을 길러주는 것이다. 이제 아이의 감정은 알아주되 행동은 제한하는 부모가 되어보자.

• • •

아이의 감정 읽는 법 2
"아이 말을 왜 잘 받아줘야 하나요?"

아이 감정을 읽어준다는 것은 '마음대로 해라'가 아니라 마음을 알아주는 일이고, 아이 마음대로
되지 않을 때 코치해주는 일이며, 더 좋은 방법을 실천하도록 안내하는 일이다.

2016년 3월 초록우산 어린이재단이 부모 교육을 주제로 진행한 설문에서 부모 700명 중 72.1%가 부모 교육에서 배우고 싶은 내용 1순위로 '자녀와 공감하는 법'을 꼽았다. 화를 내거나 체벌하지 않고 기다리기, 아이와 생각이 다를 때 설득하기 등 의사소통의 어려움도 토로했는데, 이것은 대부분 공감 부족이 원인이었다.

부정적인 감정을 녹이는 것이 공감이다. 아이가 떼쓰고 계속 울고 소리 지르거나 악을 쓰는 일이 부정적인 감정을 표출하는 것이다. 이때 당연히 엄마도 화나고 부정적인 감정도 치솟는다.

"시끄러워. 뚝 그쳐."

이렇게 아이의 부정적 감정을 무시하고 억압하면 아이 안에 부정적 감정이 쌓이고 증폭되어 점점 신경질적이고 까다로운 감정만 발달한다. 엄마의 육아 상황도 심하게 꼬인다. 악순환을 선순환으로 바꾸는 것이 바로 감정코칭 육아, 아이 감정 읽어주기 육아다.

하지만 엄마가 만능 해결사는 아니다. 상담사가 되는 것만으로도 충분하다. 아이가 징징대면서 속상하다고, 학원에 가기 싫다고, 공부하기 싫다고 해도 너무 진지하게 가르치려고 하면 안 된다.

속상한 마음만 알아줘도
마음이 풀리는 아이

"우리 딸, 속상한 일이 있었구나."

이런 말로 접근해야 한다. 아이는 어떻게 해달라는 것이 아니다. 엄마에게는 나름대로 해결사 기질이 있다. 자식 일이라면 다 해주고 싶은데 그러지 못하면 무능력하다고 느껴 엄마 스스로 제풀에 화나는 경우도 있다. 하지만 아이는 해결해달라는 것이 아니다. 그냥 상황이 그렇다는 것이다.

아이가 공을 굴리면 우선 받아주자. "네 공을 왜 엄마한테 굴리니?"라고 화내며 내치거나 멀리 차버리면 아이도 포기한다. 공감하며 주거니 받거니 하다보면 아이가 그 공을 어떻게든 다시 챙길 것이다.

공감해주거나 받기만 해도 위로가 된다. 부모는 상담사 역할만 하면 된다. 해결사가 아니라 상담사 역할만 해도 되므로 최소한 윽박지르지만 말자.

"학원 가기 싫으면 어떡하라고. 엄마는 돈이 남아서 너 학원 보내는 줄 알아? 가지 마." 이렇게 말하면 엄마도 아이도 모두 부정적인 감정에 휩싸인다.

아이 말을
왜 잘 받아줘야 할까?

아이가 한 말을 그대로 받아서 반응해주고 잠시만 찬찬히 바라본다. 엄마가 말을 잘 받아주는 것만으로도 아이 속이 뻥 뚫릴 수 있다. 엄마가 감정을 받아주는 동안 아이는 자신이 어떻게 해야 할지 스스로 정리하게 된다.

"엄마, 나 숙제 이따 하고 지금은 놀면 안 돼?"

"안 돼. 어제도 그랬다가 밤늦게 숙제 때문에 징징거렸잖아."

이 말이 나온다면 얼른 삼키고 아이 마음을 읽어주자.

"지금은 놀고 싶어? 그럼 숙제는 언제 할 건지 시간을 알려줄래?"

아이 스스로 시간을 정하게 하고 그 시간이 되었는데도 아이가 할 일을 하지 않는다면, 그때 확실히 알려주면 된다. 아이를 받아주면서 동시에 이끌어주는 엄마가 아이를 키우는 방법이다.

"지금 3시야. 숙제할 시간이네."

아이 감정을 읽어준다는 것은 '마음대로 해라'가 아니라 마음을 알아주는 일이고, 아이 마음대로 안 될 때 코치해주는 일이며, 더 좋은 방법을 실천하도록 안내하는 일이다.

부모는 아이 감정을 읽어주는 것과 해야 할 일을 하게 하는 것 사이에서 최대한 균형을 잘 잡아야 한다.

아이의 공감 능력을 높이는 대화법

• 에코익 대화법: 아이 감정 표현을 되받아주는 화법

아이가 "아, 학원 가기 싫어. 짜증 나"라고 했을 때

아이 감정을 뒤트는 화법

→ "왜 짜증? 언제 좋은 적 있었어?" (×)

아이 감정을 받아주는 화법

→ "학원 가기 싫어서 짜증이 나는구나." (○)

그다음은 아이 성향에 따라, 아이 말에 따라 해결해나가야 한다. 공감은 그다음 대화에 도움이 된다.

• 감정코치형 대화법: 아이 말과 마음을 잘 헤아리는 화법

아이: "엄마, 나 걔랑 안 놀 거야."

(아이 속마음: '엄마, 나 친구 때문에 속상해서 안 놀고 싶지만 걔가 싫다는 뜻은 아니야.')

엄마: "친구 때문에 속상했구나. 그럼 어떻게 할까?"

(엄마 속마음: "속상해? 그럼 걔랑 놀지 마. 서로 안 맞는 것 같은데 왜 자꾸 놀면서 속상해서 그러니?"라고 하지 않는다. 이럴 때는 말을 안 하는 것도 대화 비법이다.)

• • •

아이의 '분리불안' 때문에
육아가 너무 힘들다면 이렇게 해보자

아이들의 적응력은 부모가 기대하는 것 이상이다. 현관에서는 엄마, 아빠에게 매달려도 교실에 들어가면 바로 괜찮아지는 아이도 많다. 부모가 너무 불안해하면 아이에게도 전이된다.

아이가 어린이집에 다니고 있어요. 그런데 '분리불안 증상'인지 어린이집 현관에만 가면 제 품을 파고들면서 우는 거예요.

"나 엄마랑 있을 거야."

아이가 발음도 또렷하게 저를 보고 말하는데 어쩌죠? 아이 마음이 얼마나 절실하면 저를 보고 이렇게 정확하게 말할 수 있을까요? 하지만 전 일을 그만둘 수는 없어요. 지금은 힘들어도 아이가 사춘기가 되면 직장 다니는 엄마를 자랑스러워할 거라고 주위에서는 말하던데요. 하지만 나중은 나중이고 지금은… 너무 힘들어요.

남편도 아이 때문에 일이 잘 안 될 정도래요. 좀 지나면 나아질까요? 우리 부부는 아이를 어린이집에 보내는 것 말고는 대안이 없어요.

아이가 어린이집 앞에만 도착하면 "엄마가 좋아" 하면서 울며 매달리는 경우가 있다. 하지만 엄마와 아빠는 출근해야 하니 너무 속상하다. 어떤 아이는 엄마 품에 안겨서도 "엄마가 보고 싶어"라고 말한다. 엄마랑 헤어지기 싫은 것이다. 이것을 '분리불안'이라고 한다. 분리되는 것에 대해 불안해한다는 의미다.

분리불안의 원인은 여러 가지가 있겠지만 가장 크게는 심리적 불안이다. 낯선 환경에 대한 또는 표현할 수 없는 막연한 불안이다. 이 불안을 극복하지 못하면 아이는 물론 부모의 일상도 흔들린다. 현재로서는 어린이집에 보내는 것이 최선이라면 아이가 어린이집에 잘 다니도록 함께 노력해야 한다.

첫 번째 솔루션, '심리적 불안' 극복하기

분리불안은 '불안함'에서 시작되는 것에 주목해야 한다. 하지만 먼저 해야 할 일이 있다. 부모의 불안함을 다스려야 하는 것이다. 아이보다 부모의 불안이 더 문제일 때가 많다. 부모가 먼저 두려움을 떨치고 심리적 안정을 찾아야 그다음도 진행된다.

아이를 부모 품에 안고 키우면 더 좋겠지만 어린이집에 보내는 게 꼭 엄마와 아빠의 상황 때문이 아니라 아이를 위한 것이기도 하다. 아이는 또래와 지내고, 부모는 '일'과 지내는 것이다. 그것도 정해진 시간만큼 지내고 시간이 되면 다시 만난다. 그 시간에 아이가 잘 지낼 거라 믿고 부모도 낮 시간에 잘 지내야 저녁에 아이와 만날 때 '질 높은 시간'을 함께할 수 있다.

아이는 엄마가 보고 싶어 울고, 엄마와 아빠는 아이의 부적응 때문에 노심초사하면 아이도 지치고 부모님도 지쳐서 그나마 아이와 만나 지내는 저녁 이후 시간도 힘들어질 수 있다.

아이의 분리불안을 줄이고 싶다면 꼭 안아주자. 심장과 심장이 맞닿아 쿵쿵 전해지도록 안아주자. 아이는 좋은 기억을 많이 가져야 한다. 분리불안이 있는 아이는 "엄마 보고 싶어" "엄마 좋아"라는 말을 하지만 알고 보면 정서적으로 '허기진 상태'다. 비유하자면 배고픈 아이가 무엇을 먹고 싶다는 말을 많이 하는 것과 같다.

지금부터 많이, 더 많이 안아주자. 따뜻한 부모품은 안정애착에 효과가 가장 좋다. 불안함을 줄이는 방법은 믿음을 주는 것이다. "엄마랑 아빠는 ○○이랑 약속한 시간에 올 거야"라는 부모 말에 대한 믿음을 가지려면 부모와 좋은 기억을 많이 나누어야 한다.

부모와 애착 형성을 잘한 아이는 다른 사람과도 애착 형성을 건강하게 한다. 부모와 맺은 신뢰감을 기반으로 아이가 다른 사람도 신뢰하기 때문이다. 안정 애착 형성의 기초는 안아주고 바라보며 들어주고 아이와 약속을 지키는 부모와의 관계에서 이뤄진다. 아이가 "엄마, 이제 놔줘" 할 때까지 꼭 안아주자.

아이를 꼭 안아주고 사랑했는데, 어린이집에서 전화가 온다. 아이가 엄마 보고 싶어서 운다고 한다. 애착 형성이 잘되도록 노력했는데도 효과가 없으니 참 안타깝다. 하지만 멈추지 말자. 부모가 아이에게 한 만큼 효과가 바로 나타난다면 뭐가 문제겠는가. 더 노력하는 거다.

두 번째 솔루션, '물리적 대안' 마련하기

"엄마가 보고 싶어. 엄마가 좋아" 어린이집 현관에서 울며 엄마 품을 파고드는 아이들이 자주 하는 말이다.

이 말을 토대로 아이 마음을 안정시키는 '물질적 대안'을 마련하자. 먼저 엄마 아빠가 잘 나온 사진을 준비한다. 아이가 그토록 보고 싶어하는 엄마 아빠를 보고 싶을 때 보게 하는 것이다.

그다음 아이가 집에서 불안할 때 만지거나 품에 안으면 안정되는 물건을 하나만 준비한다. 너무 많으면 어린이집 활동에 방해가 되니까 한 개만 준비하는 게 좋다. 그리고 아이 연령과 발달에 맞게 아이와 이야기를 나누어야 효과백배다.

집에서 간식을 먹거나 편안한 시간에 아이와 이야기를 나눈다.

"엄마가 보고 싶을 때는 어떻게 하면 좋을까?"

부모와 헤어져 등원한다는 전제이지만 아이와 이야기를 나누면 놀랍게도 아이에게서 좋은 대안이 나온다. "그래, 엄마와 아빠가 보고 싶을 때는 사진을 보면 좋겠구나" 하며 아이와 사진을 고르는 것도 좋다. 그리고 가정과 교육기관의 협력이 중요하니 아이의 '엄마와 아빠 사진과 애착 물건'에 대해 담임교사에게 이야기하는 것이 좋다.

하지만 명심할 점은 부모와 아이의 심리적 불안이 안정 상태여야 '물리적으로 불안 극복하기'가 잘 진행된다는 것이다. 무엇보다 정서적으로 충만해야 분리불안이 덜하고 또한 극복된다.

분리불안 내 아이, 적응을 도와주는 물리적 솔루션

❶ 아이의 이름표 뒷면에 엄마와 아빠의 사진을 붙여주자. 유치원이나 어린이집에 따라 목걸이 이름표가 아닐 경우도 있다. 가슴 부착형 이름표는 아이가 편하게 뒷면을 보지 못하므로 그럴 때는 수첩에 가족사진이나 엄마와 아빠 사진을 넣어서 볼 수 있게 한다.

❷ 아이의 심리적 안정을 도와주는 물건 한 가지를 가방에 넣어주자. 이 부분은 특히 담임선생님에게 자세히 이야기해서 '일관성' 교육을 해야 한다. 혹시 아이가 어린이집에서 애착 물건을 가지고 있을 때 담임선생님이 "가방에 넣으렴" 하거나 아이들이 그것에 대해 이르듯 이야기하면 아이가 심리적으로 위축될 수 있으므로 그 이유를 선생님에게 상세히 이야기한다.

❸ 애착 물건이 혹시 '블랭킷 증후군(담요 같이 애착의 대상이 된 물건이 가까이에 없으면 불안해하는 현상)'으로 이어지지 않을까? 애착물건은 아이가 담임선생님과 친구들, 장난감, 놀이, 어린이집 활동과 애착이 형성될 때까지 당분간 도움을 받는 것이다. 우리 아이가 차츰 안정을 찾고 적응하면 더는 애착 물건 없이도 친구들과 잘 놀고, 다른 활동에 관심을 보일 것이다.

• • •

아들에게
'멀티'를 기대하지 마라

~~~~~~~~

아들은 엄마를 끊임없이 공부하라고 신이 주신 선물이 아닐까 싶다.
'멀티 안 되는' 아들들은 '멀티 되는' 엄마들의 이런 고민을 알까?

딸아이가 텔레비전을 보고 있었다. tvN의 〈알쓸신잡〉이라는 프로그램이었다. 별별 정보가 다 오가던 중 흥미로운 단어가 눈에 띄었다. 바로 '슈퍼태스커supertasker'다.

보통 사람들은 멀티태스킹시 효율이 70%로 떨어진다고 한다. 그런데 여러 가지 일을 동시에 하면서도 95% 효율을 유지하는 사람들이 '슈퍼태스커'다. 하지만 이런 능력이 있는 사람은 전 인구의 2~5%밖에 되지 않는다고 한다.

설명을 곰곰이 듣고 있던 딸이 웃으며 말했다. "○○(남동생)는 확실히 아니다." 딸아이 말을 듣자 문득 '아들과 멀티태스킹'이라는 말이 떠올랐다.

유치원이나 어린이집의 '역할놀이 영역'에서는 아이들의 '엄마놀이'를 많이 보게 된다. 7세 여자아이와 남자아이의 역할놀이를 관찰하다가 흥미로운 대화가 오가는 것을 보았다.

긴 말은 아들에게
전달이 안 된다

"아들, 너 밥 다 먹어야 해. 엄마가 맛있게 했으니까 시금치도 먹고, 감자도 먹고. 꼭꼭 씹어. 알았지?"

"응, 알았어. 엄마, 시금치하고 감자하고 또 뭐랬지?"

"응, 뭐?"

"아, 엄마가 또 뭐랬잖아."

"아냐, 시금치하고 감자하고 그거야."

"아냐, 조금 아까 또 뭐라고 했어."

"시금치하고 감자 먹으라고 했거든."

"아니거든."

"맞거든."

"거짓말쟁이!"

"야, 거짓말 아니거든. 엄마들은 그런 거야."

"엄마가 거짓말한다고?"

"아니, 그게 아니고 엄마들은 많이 말하는 거라고."

아들 키우는 엄마들이 많이 하는 이야기가 "말을 안 듣는다"는 것이다. '남자애들은 도무지 말을 안 들어'라는 전제를 둬보자. 말 안 듣는 아들, 어떻게 해야 할까? 실제로 많은 엄마가 이렇게 말한다. "어휴, 내가 말을 말아야지!" 그것도 잠시, 그래 놓고 또 시작한다. 하지만 이는 괜한 말이다. 이는 자기 말을 가치 없게 만드는 것에 불과하므로 절대 삼가야 한다. 아이는 엄마가 그래놓고 더 길게 말할 것을 알기 때문에 '가벼운 엄마'로 생각하게 된다.

엄마의 말,
짧을수록 좋다

아들을 키우면서 몇 년에 걸쳐 관찰하고 시행한 결과 아들이 부모 말을 듣지 않는다고 판단했다면 서로 에너지를 낭비할 필요가 없다. 에너지를 효율적으로 관리하기 위한 1단계 솔루션은 '단문으로 말하기'다.

남자는 어떤 문제를 들으면 해결사가 되고 싶어한다. 자신이 해결하지 못하는 상황은 피해버리고 싶어하는 기제가 있다. 오죽하면 남녀의 대화를 남자는 말을 안 들으려 도망가는 도망자에, 여자는 말을 하기 위해 따라가는 추적자에 비유했을까. 그런 맥락에서 엄마가 보기에 아들은 말을 안 듣는다. 여기서 '엄마'만 콕 집어 말하는 이유는 다음과 같다.

아빠들은 웬만하면 '긴 잔소리'를 잘 하지 않는다. 물론 단문이 능사는 아니다. "밥 먹었어?" "양치는 했어?" "준비 다 됐어?" "숙제는?" 이는 단문이 아니다. 소리의 긴 향연에 불과하다. 이렇게 이어지는 단문의 나열은 결국 앞에서 말한 '많이 말하는 것'이다.

가장 좋은 방법은 '한 상황에 한 가지씩 말하는 것'이다. 그리고 말했으면 꼭 확인하도록 하자. 아이가 꼭 해야 할 일을 지시했으면 '이 정도 이야기를 했으면 알아서 하겠지' 하고 기다리지 말아야 한다. 일을 지시하고 확인하는 것은 학습의 '반복 원리' 개념으로 보면 된다. 따라서 아들이 해야 할 일을 정확하게 지시하고, 그 일의 결과를 보고받아야 한다.

"엄마, 양치질하고 나왔어요."

"숙제 다 했는데 확인해주세요."

이런 절차는 아들의 나이가 어릴수록 필요하다. 스스로 선택하고 결정하는 능력이 부족한 초등 저학년 때까지는 바른 생활습관을 키워주기 위해서라도 번거롭지만 확인 과정을 거쳐야 한다. 그래서 아들이 꼭 이렇게 여기도록 해야 한다.

'우리 부모님이 말한 것은 꼭 실천해야 해.'

그러려면 부모도 몇 가지 유념해야 한다.

'이 일은 아이가 꼭 해야 하는 것인가.'

'상황에 적합한 말인가.'

'잘 전달했는가.'

　프레젠테이션을 할 때도 정성껏 준비하고 발표 연습도 여러 번 한다. 하나의 일을 성사시키기 위해서도 그 정도 노력을 할진대 아들 키우기는 '평생 사업'이다. 어디에, 어떤 장면을, 어떤 필요로 넣을지 준비에 준비를 거듭해야 하는 것이다. 우리 아이를 부모에게서 독립하지 못하는 '캥거루족' 또는 '니트족Not in Education, Employment or Training; NEET'으로 키울 수는 없기 때문이다.

　아들은 엄마를 끊임없이 공부하라고 신이 주신 선물이 아닐까 싶다. 지금 엄마가 하는 말은 아들에게 잘 전달되고 있을까? '멀티 안 되는' 아들들은 '멀티 되는' 엄마들의 이런 고민을 알까?

말 잘 '듣는' 아들로 만드는 부모의 언어기술 4가지

부모가 한 말을 실천하는 아들로 키우기 위해서는 어떻게 해야 할까?

❶ 주의를 주거나 해야 할 일을 확인할 때는 다음과 같은 불필요한 말은 하지 않는다.
  - 전에도 말했지? 또 말하게 하네. 한 번 말하면 들어! 몇 번을 말해야 하니?

❷ 아이 능력으로 가능한 것을 지시·명령한다.
  - 오래 집중하지 못하는 유아기 아이에게 책 3권을 완독하라고 하면 안 된다.
  - 학습지 한 장 풀기도 어려운 아이에게 몇 장을 다 풀어야 무언가 준다고 해서는 안 된다.
  - 지금 바깥에서 놀고 싶은 아이에게 앉아서 하는 활동을 지시하는 것은 효과가 없다. 특히 유아기에는 '지금'이 해결되어야 '다음'이 있다는 것을 기억하자.

❸ 짧게 말한다. 단호하고 힘 있게 (큰소리를 뜻하는 것은 아님) 말한다.

❹ 꼭 해야 할 일을 말했을 때는 실천했는지 반드시 확인한다.

• • •

사회성 좋은 내 아이,
말 연습이 필요하다

"입장 바꿔 생각해야지"라는 말을 아이가 제대로 실천하게 하자. 반갑게 인사하는 친구, 나를 불러주는 친구. 우리 아이가 그런 아이여야 한다. 사회성은 이름을 부르는 것에서 시작된다.

사회성을 길러주는 방법에는 어떤 것이 있을까? '인사와 호칭' 에 관한 초등학생의 에피소드가 있다.

"저는요, 걔가 정말 싫어요. 걔는 이상한 별명을 만들어 부르는 걸 좋아해요. 애들이 싫다는 데도 걔는 엄청 좋아하는데 진짜 눈치가 없어요. 저 말고 다른 애들도 걔가 엄청 싫대요."

초등학교 1학년 연희는 반 친구 누군가에 대해 이야기하는 중이다. 이야기를 다 듣고 연희에게 말했다.

"연희야, 연희도 자꾸 '걔'라고 하네. 그 친구 이름이 뭐니?"

"걔 이름요? 저는 걔 이름 부르기 싫어요."

이름이란 그 사람이고, 이름을 부른다는 것은 그 사람을 존중한다는 것이다. 우리 아이에게 친구 이름을 '제대로' 부르는 것을 알려주는 것이야말로 사회성을 길러주는 구체적 방법이다. 내 아이는 친구 이름을 잘 부르고 있을까? 내 아이는 상대에게 가장 적합한 호칭을 잘 부르고 있을까?

알맞은 호칭으로 부르는 사람은 사회적 관계를 맺는 데 유리하다. 아이와 이름과 호칭에 대해 이야기를 잘 나누어보자.

"친구를 부를 때 어떤 호칭이 좋을까?"

"친구야."

"하영아."(이름 부르기)

"정하영."(성과 이름 부르기)

"별명으로 부르기."

"'야!'라고 부르기."

이렇게 호칭에 대한 이야기를 나누고 아이에게도 물어보자.

"너는 친구가 어떻게 불러주는 게 좋아?"

사회성의 기본,
역지사지를 쉽게 알려주는 방법

내가 대접받고 싶은 대로 상대를 대하는 것, 내가 하고 싶은 말만 하지 말고 상대가 들었을 때 기분을 생각하며 말하는 것, 이것이 바로 사자성어 '역지사지易地思之'다.

"배려해야지" "입장 바꿔 생각해야지"라는 말을 제대로 실천하게 하자. 만나면 반갑게 인사하는 친구, 나를 정답게 불러주는 친구, 헤어질 때 또 만나고 싶게 인사하는 친구, 우리 아이가 그런 아이여야 한다.

이렇게 보면 우리 아이만 남을 배려하는 것 같아 보이지만 입장을 바꿔 생각하는 내 아이는 알고 보면 자신을 지키는 아이다. 자신이 무엇을 원하는지 알기에 타인도 무엇을 원하는 줄 아는 것이다.

'내 아이가 친구 입장만 생각하고 배려하다가 자기가 손해 보면 어쩌지?'라는 염려는 기우에 불과하다. 오히려 내 아이가 자신을 파악했으므로 친구나 타인의 입장도 배려할 수 있는 타인조망능력을 갖춘 것이다.

상황에 맞는 말을
구체적으로 연습하자

우리 아이에게 이를 적절하게 응용해서 인사를 연습하면 어떨까? 엄마가 먼저 가르쳐주지 말고 아이에게 물어보면 더 멋진 인사말이 나올 것이다. 다음 몇 가지 예시를 들어본다.

• 우리 아이가 교실에 먼저 등교해 있을 때 뒤에 오는 친구를 맞이하는 인사

"안녕, ○○야, 어서와."

• 교실에 들어가면서 먼저 온 친구에게 하면 좋은 인사

"안녕, ○○야, 벌써 왔네? 넌 참 부지런하구나."

"○○야, 만나서 반가워."

• 친구와 하교할 때 하면 좋은 인사

"친구야, 안녕. 내일 또 만나자."

"○○야, 잘 가, 내일 만나. 오늘 즐거웠어."

아이와 상황에 맞는 말을 만들어 연습해보자.

"선생님께 어떻게 인사하면 좋을까?"

"선생님께 질문(용건)이 있을 때는 어떻게 하면 좋을까?"

• (선생님을 바라보며) 손을 들고 선생님이 말하라는 신호를 보내면 할 말 하기

• 용건이 있을 때는 선생님에게 가까이 가서 말씀 드리기

• 친구 부모님을 만났을 때 어떻게 하면 좋을지 이야기하기

  "친구 부모님을 만나면 어떻게 인사하면 좋을까?"

• 친구 부모님을 부르는 호칭에 대해서도 아이와 의견 나누기

부모가 보기에는 아주 당연하기에 잘할 거라 믿지만 의외로 아이들은 모르는 경우가 있다. 구체적으로 아이와 함께 연습해보자.

인사와 호칭에도
연습이 필요하다

"인사? 그게 뭐라고?" 하지 않기를 바란다. 인사도 습관이고, 호칭을 제대로 잘 부르는 것도 습관이다. 좋은 습관에는 연습과 실천이 필수다.

우리 아이의 초등학교 입학이 몇 개월 남지 않았을 경우 이 몇 개월이 아이의 학교생활을 즐겁게 하기 위한 준비기간이 된다면 장차 아이의 행복한 학교생활에 도움이 될 것이다.

자주 연습해서 환한 모습으로 '친구 이름'을 다정하게 부르는 아이, 밝은 목소리로 친구와 선생님에게 '인사'를 잘하는 아이로 키우자. 마침 초등학교 1학년 국어책에는 다양한 상황에 어울리는 인사말이 자세히 나와 있으니 아이와 상황극처럼 놀이하며 익혀

보자. 그러면 우리 아이 주변에 좋은 친구가 많아진다.

아이가 밝고 환한 표정으로 친구들의 이름을 다정하게 불러주면 아이 친구 또한 좋아한다. 다른 아이들이 자신을 좋아하면 그 아이는 자신감이 상승하며 자신과 타인을 더욱 좋아한다. 아이의 자존감이 쑥쑥 크며 이를 바탕으로 건강한 사회성 발달이 일어난다. 자존감 높고 사회성 좋은 내 아이가 학교에 다니며 하는 말은 이런 말 아닐까?

"엄마, 친구들이 참 좋아."

"엄마, 우리 선생님은 참 친절하신 분이에요."

"엄마, 학교에 빨리 가고 싶어요."

부모의 말이
아이의 사회성을 결정한다

카네기는 사전에서 '불가능'이라는 말도 지웠다는데, 부모들이 내 아이를 위해 부모 용어사전에서
'상처'라는 말을 지우면 어떨까. 그리고 빈칸에는 긍정의 단어를 채워 넣는 것이다.

한 방송국의 프로듀서(PD)와 대화를 나눈 적이 있다. 부모 교육
에 관한 이야기 중 일부를 정리해보았다.

프로그램이 끝나고 방청객에게 선물을 나눠주는 시간이었다.
선물 20여 개를 어떻게 나눠줄지 방청객과 협의한 끝에 문제를 맞
힌 아이들에게 주기로 결정이 났다. 문제를 내고, 맞히고, 선물을
받으며 즐거운 분위기 속에서 마무리되었다.

그때였다. "여기 책임자가 누구예요?" 초등학생 아이의 손을 쥔
한 엄마가 화난 얼굴로 서 있었다.

"도대체 선물 하나로 이렇게 아이에게 상처를 줘도 되나요? 못

받은 아이들이 얼마나 '상처'를 받았겠어요!"

"저희는 공정하게 나누어주었습니다만."

"그렇다고 아이들이 입은 상처가 없던 것이 되나요? 어른이라면 몰라도 어렸을 때 상처는 평생 트라우마인 거 몰라요?"

엄마는 아이를 가리키며 '상처 입음'을 큰소리로 항변했다. 아이는 정작 불편한 표정으로 엄마를 바라보았는데 말이다.

"죄송합니다. 다음에는 꼭 참고하겠습니다."

바쁜 엄마가 PD에게 사과를 받아내더니, 이제 아이를 윽박지르고 끌고 갔다.

"네가 문제를 맞혔으면 됐잖아! 바쁘니까 얼른 가자."

아이는 고개를 돌려 PD 아저씨를 쳐다보았다. 아이의 불편한 얼굴을 엄마는 알고 있었을까?

부모가 남용하는 말,
'상처'와 '트라우마'

아이가 선물을 받고 싶어하는 건 당연하다. 문제를 못 맞혔기 때문에 선물을 못 받은 것을 알면서도 아쉬울 것이다. 그런 아이를 보며 부모가 속상한 것도 당연하다.

"엄마, 나도 선물. 똑같은 걸로 사줘. 응?"

설령 그렇다 하더라도 이럴 때 부모가 아이 마음을 헤아린다며 책임자를 찾아 따지는 것이 과연 최선일까? '상처'란 무엇일까?

이 에피소드를 듣고 우리가 상처라는 단어를 남용한다는 생각이 들었다. '트라우마'라는 단어도 마찬가지다. 과연 아이에게 무엇이 상처였을까? 단지 상품이 받고 싶었을 뿐인 아이에게 부모가 도리어 상처라는 개념을 가르쳐준 꼴이 된 건 아니었을까?

낯선 사람 앞에서 엄마가 큰소리치는 모습을 보며 그때 비로소 상처를 받았을지도 모른다. 만약 상처를 받았다면 그것은 못 받은 선물 때문이었을까, 그 후 벌어진 상황 때문이었을까?

대형마트에 가면 부모의 소매를 잡고 늘어지며 이것저것 사달라고 조르는 아이들과 씨름하는 부모를 볼 수 있다. 어떤 아이들은 심지어 바닥에서 뒹굴며 떼를 쓴다. 이럴 때 아이가 상처받을까 두려워 사달라는 것을 다 사주지는 않는가?

누구나 자신이 원하는 대로 하고 싶다. 갖고 싶은 것을 손에 넣고 싶은 것은 인지상정이다. 하지만 그렇게 하지 못한다고 해서 과연 상처나 트라우마가 생기는 것인지 잘 생각해볼 필요가 있다.

무엇이 상처인가?
'상처'의 쓰임

10월 어느 날, 신나는 운동회가 한창일 때 있었던 일이다. 호루라기 소리가 나면 4명씩 고만고만한 귀여운 녀석들이 씩씩 숨을 몰아쉬며 달리기를 하고, 잘 달렸다며 손등에 '잘했어요' 도장과 함께 공책을 선물로 받았다. 잠시 후 어린아이를 안은 아빠 한 분이 담임선생님 앞으로 왔다.

"선생님, 애가 준호 동생인데, 제 형 공책을 자꾸 달라고 떼를 쓰네요. 그래서 준호가 공책을 줬는데, 그게 아니라 자기도 달리기해서 도장이랑 공책을 받고 싶대요. 하도 떼를 써서."

"아, 그러세요? 그런데 이미 다른 게임이 진행되고 있어서요."

"아는데요, 애가 떼를 쓰기 시작하면 아무도 못 달래서요. 아이가 상처받으면 좀 그렇잖아요."

결국 원장선생님과 진행자, 담임선생님, 4세 준성이와 아빠, 이렇게 5명이서 대운동장 옆의 빈 공간에서 달리기를 했고, 준성이는 도장과 공책을 받아갔다. 이 이야기는 유치원 교사 교육을 할 때 선생님에게서 들은 것이다.

이 에피소드로 또 한 번 '상처'라는 말의 쓰임을 생각하게 되었다. 오히려 이 상황에서 상처받았을 사람은 아빠 말을 듣고 난감해져 이러지도 저러지도 못했을 선생님 아니었을까? 아들이 원하는 일이라면, 그 운동회에 참여하고 있는 다른 모든 사람은 고려하지 않고 뭐든 들어줘야 상처받지 않는다는 아빠의 생각은 진지하게 짚어볼 필요가 있다.

아이는 어리지만 충분히 알아들을 수 있고, 또 알아듣게 설득하는 것이 어른의 역할이다. 부모라면 안 되는 일은 안 된다고 말할 수 있어야 한다. '안 되는 일을 되게 하는 것'은 자신과 한 약속에서나 발휘되는 것이지 다른 사람의 희생이 전제가 되면 안 된다.

인생의 고통과 슬픔, 미리 알려주지 말자

아이가 아플 때 아프다가 죽을 수도 있다고 말하는 부모는 없다. 즐겁게 뛰어노는 아이에게 "이렇게 기쁘고 즐거울 때도 있지만 살다보면 슬플 때도 있다"라고 굳이 희로애락을 알려줄 필요가 있을까?

아이들에게는 아이들만의 세계가 있다. 콩쥐는 반드시 복을 받아야 하고, 잠자는 숲속의 공주는 영원히 잠자는 것이 아니라 멋진 왕자님을 만나 잠에서 깨어나야 한다. 그리고 가장 중요한 것은 '그 후로 영원히 행복하게happily ever after'다.

아이들에게 맞는 동화가 있듯 아이들에게 보여줘야 할 세상, 들려줘야 할 적합한 말이 있다. 부모가 빈번하게 아이 앞에서 상처라는 말을 사용하는 것은 상처를 조기 교육하는 것과 다를 바 없다. 그렇지 않아도 작은 아픔도 크게 느끼는 아이들에게 "넌 지금 상처받은 거야" "이게 바로 상처란다" 하며 굳이 미리 가르치지 않아도 괜찮다.

그러니 앞의 에피소드 같은 상황에서는 "받고 싶었는데 못 받아서 아쉽겠구나. 하지만 이건 약속이니 어쩔 수 없단다" 또는 "우리 모두 동의한 약속이니 선물 받은 아이들을 축하해주는 게 좋겠는데, 네 생각은 어떠니?" 정도로 정리하는 것이 좋았다. 위와 같은 일은 결코 아이들이 상처받을 만한 상황은 아니기 때문이다.

데일 카네기Dale Carnegie는 사전에서 '불가능'이라는 말도 지웠다는데, 현명한 부모들이 내 아이를 위해 부모 용어사전에서 '상처'라는 말을 지우면 어떨까. 대신 그 빈칸에는 긍정의 단어를 채워넣는 것이다. 상처는 굳이 예습시키지 않아도 된다. 아이의 사회성을 키워주고 싶은 부모라면 더욱이 아이로 하여금 세상을 긍정적으로 바라보게 해야 한다.

우리 아이 '인기남'으로
키우는 비법은 따로 있다

나도 네 마음과 같다는 동감, 상대 입장에서 이해하는 배려심, 네가 아플 때 나도 아픈 공감, 내가 소중하듯 너도 소중하다고 토닥여주는 따스함 등이 사회성을 키워주는 핵심이다.

"아야, 아야, 엄마 아파."

콩콩 블록놀이를 하다 엄마가 장난감 나무망치에 손가락을 콩 찧는다. 옆에서 함께 놀던 딸아이는 엄마의 찡그린 얼굴을 유심히 보더니 울먹거리기 시작한다. 눈물이 그렁그렁해지더니 이내 또르 록 눈물을 흘린다.

"아야, 아야, 엄마 아파."

아들과 블록놀이를 하던 엄마가 똑같이 나무망치에 손을 콩 찧는다. 옆에서 함께 놀던 아들은 엄마의 찡그린 얼굴을 유심히 볼 생각도 하지 않는다. 이것 좀 보라며 다친 손가락을 내미는 엄마를 손으로 치워버리기까지 한다. 곧 빨간 피(가짜 피)가 나는 손가락을 아이 앞에 보이며 "호, 해줘" 하자, 아이는 엄마의 손을 쓰윽 밀어버린다. 지금 이 놀이가 재미있으니 방해하지 말란 듯이 말이다.

이란성 쌍둥이도 마찬가지였다. 여자아이는 엄마의 아픔에 금방 공감하는 반면, 남자아이는 무심했다. 이 아이들은 모두 세상에 태어난 지 얼마 안 된, 돌 전후 아이들이었다.

공감 능력이 뛰어나야
세상을 즐길 수 있다

남자아이와 여자아이의 '공감共感'은 이렇게 다르다. 아이를 키울 때 특성을 알아야 하는 것은 좋은 것은 살려주고 모자란 것은 채워줘야 하기 때문이다.

그렇다면 우리 아들들이 좀더 세상을 지혜롭게 살아나가려면 우리는 무엇을 채워줘야 할까? 세상은 이제 과묵하고 점잖은 남성을 환영하지 않는다. 교감할 수 있는 남성을 원한다!

기쁜 소식을 전하자면, 남자아이는 모자란 게 있는 만큼 놀라운 다른 능력이 있다는 것이다. 남자아이는 좌뇌가 발달해 공간 개념, 체계화 능력 그리고 빠르게 실행하는 능력이 우수하다. 따라서 분석 능력과 문제 해결력이 뛰어난 편이다.

위의 실험이 돌 전후 아이들을 대상으로 했기 때문에 살펴볼 수 없었지만, 아마 조금 더 자란 아이들을 대상으로 실험했다면 결과가 달랐을지 모른다. 아들은 벌떡 일어나 상처를 감쌀 밴드를 찾았을 수도 있다. 아들의 사명감은 '공감'이 아닌 '문제해결'이기 때문이다.

뇌 연구가들에 따르면 아들은 딸에 비해 '공감뇌'가 덜 발달했다고 한다. 따라서 아들은 아마도 딸에 비해 엄마의 아픔을 덜 느꼈을 것이다.

그렇다면 이렇게 타고난 아들을 어떻게 키워야 할까? 이 세상에는 무수한 '아들'만큼 무수한 '딸'이 있기 때문에 좁게 보면 아들의 행복한 연애와 가정생활을 위해서라도 일찍부터 아들의 공감 능력을 키워줘야 한다.

나도 네 마음과 같다는 동감, 상대 입장에서 이해하는 배려심, 네가 아플 때 나도 아픔을 느끼는 교감, 내가 소중하듯 너도 소중하다고 토닥여주는 따스함, 이런 것들이 바로 공감이다.

진정한 공감은 말을 넘어 행동을 포함한다. 그런 면에서 우리 아들이 공감 능력을 키운다면 곧바로 행동으로 보여줄테니 이보다 더 이상적일 수 없다.

어떻게 공감 능력을
키워줄 수 있을까?

첫째, 공감은 따뜻함을 느끼는 것으로 시작된다. 따라서 어른들이 서로 사랑하고 챙겨주는 모습을 먼저 보여줘야 한다. 특히 부모의 애정 어린 관계는 아들에게 사랑이 가득한 공간의 훈훈함과 온유함을 전해주기에 가장 효과적이다.

둘째, 진심으로 집중하며 아들 말에 귀 기울인다. 아들이 고민할 때 훈계와 비난부터 할 게 아니라 아들 입장이 되어(무조건 아들 편만 들라는 것은 절대 아니다) 깊이 이해하는 모습을 보여주자.

셋째, 주변의 아주 사소한 것들, 당연한 것들에서 아름다움을 느끼고 표현하게 하는 것도 좋다. 하늘, 나무 등에서 아름다움을 느끼고 표현하는 것은 아들과 함께하는 가벼운 산책에서도 가능하다.

넷째, 모든 사람을 존중하고 저마다 장점을 칭찬하는 부모의 아름다운 심성과 그 마음을 표현하는 말에 아들의 공감 능력 또한 자란다. 부모가 먼저 사람을 존중하는 모습을 보여주자.

다섯째, 부모의 부모님, 즉 할머니나 할아버지의 몸이 불편하거나 도움이 필요할 때 아들과 함께 달려가 그분들을 알뜰히 보살피는 모습을 보여주면 아들의 공감 능력은 휴머니즘에 바탕을 두고 발달한다. 자신보다 약한 사람에게 연민을 느끼고 도우려는 측은지심惻隱之心이야말로 공감의 시작이고, 이는 곧 이 시대가 원하는 감성 리더십을 갖춘 진정한 인재의 요건이다.

공감 능력은 아들이 자라 꿈을 펼치고 자신의 길을 걸어갈 때 든든한 응원군이 되어 아들을 더욱 돋보이게 한다. 우리 아이들의 세상에서는 많은 일을 기계가 대신할 것이다. 인간의 지능을 대신할 스마트한 기계가 있더라도 진정한 공감 능력은 대신할 수 없기에 너 빛을 발할 것이다.

그리고 잊지 마라. 괜찮은 사람은 괜찮은 사람을 좋아하기 마련이다. 그리고 '괜찮은 남자'의 조건에 '공감 능력'은 선택이 아닌 필수다.

아들이 결혼할 때 집 한 채 사주지 못할까봐 미리 걱정하지 말자. 공감 능력은 집 몇 채와도 바꿀 수 없는 아들의 멋진 재산이니 말이다. 그 가치는 무엇보다 아들을 당당하게 한다는 것이다. 당당하고 멋진 아들, 어디서든 환영 받고 행복한 삶을 살아가는 아들 키우기로 공감 능력을 추천하는 이유다.

우리 아이 인기남으로 만드는 공감 능력을 키우는 법

• 아들의 질문과 반응을 존중하라

아들이 질문을 많이 할 때가 있다. 지치도록 질문할 때 이도 한때임을 명심하고 적절히 반응해주자. 사춘기에 들어서면 종일 몇 마디 안 하기도 하니 말이다.

• 아들에게 언어적 표현을 많이 하라

부모가 세상 사람을 대할 때 '따뜻한 공감'의 태도와 표현을 많이 보여줘야 한다. 예를 들면 "그랬구나, 속상했겠구나, 그 말을 들으니 기쁘구나, 참 아름답지?" 등이다.

• 공감은 측은지심이다

자선냄비 앞을 지날 때 아이와 함께 1천 원이라도 넣어보자. 어려운 사람, 도움이 필요한 경우를 보면 "얼마나 힘들까? 우리가 도울 방법이 있을까?" 등의 언어적 표현도 자주 해보자.

• 부드러움과 섬세함을 갖춘 남성이 진짜 남성임을 인지시킨다

강함과 거침은 남성의 타고난 기질인데 여기에 부드러움과 섬세함까지 갖춘다면 금상첨화다. 아들의 부드럽고 따뜻한 면을 격려하고 부각시키자.

• • •

지금부터 많이, 더 많이 안아주자.

따뜻한 부모품은 안정애착에 효과가 가장 좋다.

불안함을 줄이는 방법은 믿음을 주는 것이다.

서른한 살 나이 차가 나는 연하남과 사랑에 빠진 이야기

부모의 지나가는 말이 아이의 지나갈 길을 만든다

"무엇이 되고 싶니"보다 "무엇이 가장 재미있니"라고 묻자

소심하고 예민한 우리 아이, 멋지게 키우는 방법은 따로 있다

아이 양육에 아빠가 정말 필요하다

지혜로운 아이로 키우는 부모의 자세

웃는 엄마, 환한 엄마가 아이 잘 키우는 엄마다

3장

버럭엄마, 우아하게 아이를 키우고 싶다면 마인드가 중요하다

~~~

서른한 살 나이 차가 나는 연하남과
사랑에 빠진 이야기

왜 나만 이렇게 희생하고 롤모델이 되어야 하느냐고요? 그는 아직 어리다고 하셨잖아요.
그런데 상담하신 분의 나이가 사십이 넘었다면 남자분은 여섯 살? 일곱 살? 아!….

저는 서른한 살 나이 차가 나는 연하남과 사랑에 빠진 여자입니다. 그런데 우리 둘 사이에는 문제가 너무 많아요. 나이 차이? 세대 차이? 그것도 문제이긴 하죠. 하지만 더 큰 문제는 너무 자기밖에 모른다는 겁니다. 저에게 일방적인 사랑을 요구하는데 그 끝을 모를 정도입니다.

만남 이후로 한 번도 저 자신을 돌본 적이 없어요. 희생이라는 말이 여전히 유효하다면 그야말로 희생했죠. 하지만 후회하지는 않아요. 물론 그에게 한 번도 큰소리치지 않은 건 아니에요. 양심적으로 말하면 독한 소리를 셀 수 없이 했죠. 제가 오죽했으면 그랬을까요? 저와 비슷한 처지에 있는 사람들은 저를 이해하고도 남는다고 합니다. 하지만 아무리 남들이 저를 이해한다고 해도 위로가 되지 않을 때가 많아요.

어쨌든 노력해도 최소 십 년 이상은 그를 뒷바라지한 뒤 떠나보낼 수 있을 것 같아요. 왜 그래야 하냐고요? 이건 숙명이거든요. 솔직히 고백하면, 노력하면 나아질 줄 알고 안 해본 것이 없어요. 그런데 그럴수록 어떤 날은 제가 도망치고 싶을 만큼 힘들어요.

연하남과
사랑에 빠진 여자

"이건 아니야. 정말 아니라고!" 소리라도 지르고 싶은 심정입니다. 그런데도 저는… 정말 그를 놓아줄 수 없습니다. 이게 제 집착에서 비롯한 것 같아 상담도 받아봤어요. 관계를 개선하려고 안 해본 것이 없을 정도죠.

저는 그를 세상 누구보다, 아니 저 자신보다 사랑하거든요. 학교 다닐 때도 잘 읽지 않던 책을 그를 만나면서 열심히 읽게 되었어요. 이 남자와 관련 있는 정보라면 무엇이든 가리지 않고 찾아 읽으면서 정보를 하나라도 더 얻으려고 밤낮을 안 가렸죠.

그런데 요즘은 제 노력을 비웃기라도 하듯 더 소통이 안 되네요. 만난 지 4~5년이면 말이 통하고 6~7년이면 '척하면 척'이어야 하는데, 제 말이라면 귓등으로도 안 듣고 자기 멋대로 하기 일쑤입니다. 그러다가 뜻대로 안 되면 그게 다 제 탓이라네요.

주위 사람들 말을 들어보면 앞으로는 점점 더할 거래요. 이 정도는 아무것도 아니래요. 전문가들 이야기를 들어보니까 이 남자가 해달라는 대로 다 해주지 말라고 합니다. 안 되는 건 안 된다고 딱 부러지게 거절해야 그가 정신을 차린다는데, 그러다가 기죽으면 어떡해요. 사랑하는 사람이 기죽는 꼴을 어떻게 보냐고요.

자존감이 떨어지면 나중에 제가 어떻게 감당할지도 두려워요. 자신감도 살려줘야 하고요. 이렇게 이 남자 위주로 해주다보니 어느새 그가 제 머리 꼭대기에서 저를 조종하는 것 같아요.

어떨 때는 무시당하는 것 같아 소리도 지르고 큰소리도 칩니다. 그럴 때는 잠깐 눈치를 보는 척하다가 얼마 지나지 않아 또 같은 짓을 해서 저를 더 뒤집어지게 합니다. 이게 무시하는 게 아니면 뭔가요? 자기는 별 노력도 하지 않으면서 제게 요구하는 것은 날로 늘어갑니다.

기죽을까봐, 자신감이 없어질까봐 받아주고 공감해주고 안아주고 비위를 맞춰주니까 어느새 보는 대로 사고 싶어하고 염치도 없이 사달라고 하는 남자가 되었더라고요. 이 남자가 저한테 작은 선물이라도 하냐고요? 천만에요. 저와 비슷한 처지의 지인들에게 물어보니 받는 건 꿈도 꾸지 말래요. 혹시 모르지요. 한 이십 년 이렇게 지극정성을 다하면 카드 한 장, 밸런타인데이 때 초콜릿 몇 알은 챙겨줄지도.

자기가 잘못하고도 이해를 바라고, 문제를 일으키고도 인정받고 격려받기를 바라고, 잘해보자고 몇 마디 하면 혼냈다고 생각해 삐치고 심지어 대들기도 합니다. 이 남자를 도대체 어떻게 대해야 할지 몰라 반복된 고민에 안 해본 것이 없지만 백약이 무효네요. 칭찬도 소용없고 감정 코칭도 소용없어요. 제가 좋게 이야기하고 수없이 주의를 주었는데도 제 말을 듣지 않다가 자기 실수로 일을 저질러놓고는 제게 몽땅 뒤집어씌우기도 합니다.

이제는 '…때문에'를 입에 달고 살아요. 정말 듣기 싫어 죽겠습니다. 적반하장도 유분수라는 말이 딱 맞아요. 하지만 제발 헤어지라는 말씀은 마세요. 그게 된다면 제가 지금까지 참았겠어요? 저는 이 남자를 너무 사랑해서 하루라도 보지 않으면 살 수가 없거든요.

이 남자도 저를 떠나서는 살 수 없어요. 절대 저를 떠날 수 없어요. 우리는 헤어질 수 없어요. 제 착각이라고요? 아녜요. 확신해요! 제가 짝사랑하는 것이 아니라 우리는 서로 사랑하거든요. 제가 바보 같은가요?

평생 동안 이렇게 이기적인 남자는 처음 봅니다. 그리고 이런 사랑을 하는 것도 처음이에요. 어떤 사람은 따끔하게 버릇을 고치라고 말합니다. 어떤 사람은 사랑이 더 필요하다고 합니다. 어떤 사람은 제가 잘못한 것이니 제대로 사랑하라고 합니다. 어떤 사람은 엄격하게 대하라고 합니다. 어떤 사람은 감정을 읽는 마음이 부족해서 그러니 더 공감하라고 합니다. 어떤 사람은 이해시키고 타협하고 일관성 있게 행동하되 융통성도 보이며 관계를 좋게 이끌어가라고 합니다.

모두 맞는 말이지만 막상 이 남자와 부딪치다보면 한계를 느낍니다. 제가 도대체 어떡해야 할까요?

상담실에서
드리는 말씀

그 연하남은 정말 자기밖에 모르는 참 이기적인 사람이네요. 인간은 스무살은 넘어야 전두엽이라는 뇌가 발달해서 겨우 인간적인 면모를 갖춘다는데요. 그 남자가 몇 살인지 모르겠지만 자기중심적인 사고에서 벗어나려면 시간이 더 필요할 거예요.

시간은 우리 편이니 믿고 기다려보자고요. 그래도 꾸준한 사랑과 믿음 그리고 안정된 환경이 그 남자를 괜찮은 사람으로 만들 거예요. 아직 어리잖아요. 그가 인격을 갖추는 동안 이렇게 해보시겠어요?

그 남자에게 좋은 습관을 들이고 싶으면 내가 먼저 좋은 습관을 보이는 거예요. 그 남자가 멋진 사람이 되기를 바라면 내가 먼저 멋진 사람의 모습을 보이고, 그 남자에게 책 읽는 모습을 기대한다면 내가 먼저 책 읽는 모습을 보이는 겁니다. 그 남자에게 조절력이 있었으면 한다면 내가 먼저 감정은 공감하되 행동은 통제하는 절제력을 보이면 됩니다.

왜 우리만 이렇게 희생하고 롤모델이 되어야 하느냐고요? 그 남자는 아직 어리다고 하셨잖아요. 그런데 상담 요청하신 분의 나이가 사십이 넘었다면 그 남자의 나이는 여섯 살? 일곱 살? 아, 아들 말씀하시는 거죠?

부모의 지나가는 말이
아이의 지나갈 길을 만든다

~~~~~~~~~~

부모의 지나가는 말이나 아이 앞에서 하는 말이 모여 아이에게 상처를 주기도 하고, 아이가 힘들 때마다 일어서게 하는 힘이 되기도 한다. 부모 말이 그만큼 아이에게 큰 영향을 미친다.

　　중학생인 미소의 상담 이야기와 내가 좋아하는 마야 안젤루 Maya Angelou 이야기를 통해 평소 부모의 말습관이 얼마나 중요한지 짚어보겠다. 말은 아침에 눈을 떠서 밤에 잠자리에 들 때까지 육아에서 가장 많은 비중을 차지하기 때문에 아이는 부모 말에 가장 많이 영향을 받는다.

　　중학생인 미소는 이름처럼 미소도 환하고 여러 면에서 참 근사한 아이다. 어느 날 미소가 무척 속상해하면서 내게 왔다. 엄마 아빠에게 꾸중을 들었다고 한다.

　　"선생님, 우리 부모님은 원래 그런 사람이었던 것 같아요."

미소가 생각하는 원래가 뭘까 궁금해서 다음 말을 기다렸다.

"그동안 제가 봤던 부모님이 아니었거든요. 아무리 화가 나도 그렇지…. 저는 우리 부모님이 정말 품위 있는 분들이라고 생각했는데 완전히 민낯을 보여주시더라고요. 아! 원래 이런 사람이었구나 싶어서 조금 무서웠어요."

미소와 부모님 사이에 오해가 있었고 부모님은 미소에게 실망한 나머지 엄청 화를 낸 것이다. 미소는 엄청나게 화를 내는 엄마와 아빠가 너무 낯설었다. 미소의 말대로 그동안 품위 있고 멋진 엄마 아빠였으니까 말이다. 내가 보기에도 미소의 엄마 아빠는 '인격적이고 부모답다'라는 생각이 드는 사람들이다. 무늬만 좋은 부모가 아니라 진짜 좋은 부모가 되려고 노력하는 분들이다. 그러나 단 한 번의 화로 미소의 부모님은 미소에게 상처를 주었다.

아이의 운명을 바꾸는
부모의 말 한마디

미소의 말을 들으며 부모는 '완벽한 사람이 아니라 잘하려고 노력하는 사람'이라는 말이 떠올랐다. 육아 이론을 줄줄이 꿴다고 해도 막상 현실 육아를 하게 되면 감정을 조절하기도 어렵고, 좋은 부모가 되고 싶은 의지도 한순간 사라지는 경험을 하게 된다. 그렇다! 우리는 완벽한 부모가 아니라 노력하는 부모다.

버럭 화를 내는 실수도 하고 크게 소리도 지르며, 가끔 마음에도 없는 말을 해서 아이를 울리기도 하고 아이에게 야단치고는 스스로도 깜짝 놀라 "이게 나 맞아?" 할 때도 있다.

아이에게 더없이 잘하다가 어쩌다 '부정적인 모습'을 보이면 미소처럼 자식에게 '우리 부모님이 원래 이런 분이었나?' 하는 말을 듣기도 한다.

엄마의 말로 알려주는
아이 존재의 소중함

"부모의 '지나는 말'이 아이의 '지나갈 길'을 만든다." 이것이 내 부모 교육 좌우명이다. 부모의 지나가는 말이나 아이 앞에서 하는 말이 모여 아이에게 상처를 주기도 하고, 아이가 힘들 때마다 일어서게 하는 힘이 되기도 한다. 부모의 말이 그만큼 아이에게 큰 영향을 미친다는 말이다. 내 아이에게 부모는 하늘이고 땅이고 우주다.

마야 안젤루와 그의 어머니 이야기다.

"나를 있는 그대로 인정해주고 좋은 면을 바라봐준 단 한 사람, 바로 어머니."

마야 엔젤루가 한 말이다. 마야 안젤루는 전 미국 대통령인 버락 오바마Barack Obama와 유명한 방송인 오프라 윈프리Oprah Winfrey

가 공통으로 꼽은 멘토다. 뿐만 아니라 그녀는 시인, 작가, 가수, 배우인 동시에 인권운동가로 '10명의 삶을 살고 있다'는 평가를 받는 사람이다. 마야 안젤루에 대한 대중들의 평가를 본 사람들은 이렇게 말한다.

"아, 어렸을 때부터 그렇게 대단한 딸이었겠지."

아니다! 어린 마야 안젤루는 그대로 봐주기에는 너무도 힘든 아이였다. 그런데 대단한 인물이 된 것은 엄마의 말 덕분이었다. 그녀는 『엄마, 나 그리고 엄마Mom & Me & Mom』라는 책에 아래 내용을 소개하며 '엄마가 하는 말의 힘'을 보여주었다.

1928년에 태어난 마야는 유아기 때 부모가 이혼했다. 7세에는 성폭행을 겪었고 16세에 미혼모가 되었다. 그녀가 어느 날 집을 떠나려는데 엄마가 이렇게 말했다.

"넌 지금까지 내가 만난 여성 중에서 가장 대단해. 그리고 기억하렴. 넌 언제든 집으로 돌아올 수 있다는 걸."

과연 어떤 엄마이기에 부모의 기대에 실망만 시킨 딸에게 이런 말을 할 수 있었을까? 마야의 엄마는 몇 마디 말로 아이에게 '안전기지'로서 엄마를 보여주며 늘 네 편이라는 사실을 상기시켰다. 이것이 그 많은 불행과 절망을 이겨내고 한 인간으로 우뚝 서게 한 실마리라고 한다면 엄마의 말은 참으로 위대하다. 그리고 무척 기뻤다. 엄마가 하는 말의 힘을 확신했기 때문이다.

마야의 엄마처럼 아이가 얼마나 소중하고 괜찮은 사람인지 말해준다면 아이는 그 말을 바탕으로 자신이 얼마나 멋진 사람인지 깨닫고 뜻하는 바를 이뤄나갈 수 있다. 아이는 아직 어리기에 자신이 얼마나 근사한지 잘 모른다. 때문에 엄마인 우리가 자꾸 알려주자.

"고마워. 엄마와 아빠의 딸로 태어나줘서 정말 고마워."

아래에 언어 습관이 되도록 연습해볼 부모의 말을 정리했다. 충분히 연습하고 사용해보자. 그러면 우리 아이의 변화가 분명 느껴질 것이다.

"네가 얼마나 사랑스러운지, 엄마는 너를 보는 것만으로도 기뻐."

"아들(딸), 네가 엄마 아들(딸)이라는 게 정말 자랑스러워."

"네 곁에는 언제나 엄마와 아빠가 있단다."

"네가 노력하는 모습이 참 보기 좋아. 정말 고마워."

"엄마는 너를 보기만 해도 행복해."

"무엇이 되고 싶니"보다
"무엇이 가장 재미있니"라고 묻자

〰〰〰

자기가 믿고 생각한 대로 이루려면 자기 확신이 있어야 한다. 아이의 자기 확신에 가장 큰
영향을 미치는 것은 무엇일까? 바로 '엄마와 아빠의 말'이다. 이 말이 아이의 효능감을 높인다.

지금 유아이거나 초등 저학년인 아이들의 미래 직업은 과연 무엇일까? '사±자 직업'이 무조건 최고였던 시대에서 벗어나 이제는 각 직업군에서 스타가 등장하고 있다. 때문에 미래에 우리 아이들이 20~30대가 되었을 때를 대비하려면 직업의 다양성을 염두에 두고 육아를 해야 한다.

자기소개서(이하 자소서)에 무게가 실리는 요즘, 취업을 앞둔 어느 대학 4학년생이 "솔직히 자소서에 쓸 말이 없어요. 있는 그대로 쓰려면 '부모님이 그렇게 하라고 해서 했다' 거든요"라고 한 말에 길게 여운이 남는다.

어떻게 하면 아이의 꿈을 키워주고 그 꿈이 학습으로 연결되어 공부의 최종 목적인 '행복'이라는 목표에 다다를 수 있을까? 그러기 위해서는 지금부터 아이가 흥미 있어 하는 것이 무엇인지 살펴보는 것이 정말 중요하다. 아이가 흥미 있어 하는 것을 살펴보는 것은 결코 거창하지 않다. 아이에게 관찰과 관심 그리고 인정과 격려의 말을 해주면 된다. 그리고 이러한 아이의 가능성을 열어주는 말들이 아주 평범한 말임에 놀랄 것이다.

"네 꿈은 뭐야? 그 꿈을 이루기 위해 뭘 하고 싶어?"

"넌 무엇이 되고 싶니?"

공부는 아이의 흥미와
연결되어야 한다

꿈을 물어보는 동시에 아이가 무엇을 좋아하는지 잘 살펴야 한다. 중요한 것은 부모의 관심어린 말과 눈길과 관찰이 함께해야 한다. 그다음에는 아이가 무엇을 좋아하는지, 무엇에 집중하며 몰입하는지 찾아서 그것에 대한 이야기를 나누자.

블록을 갖고 놀 때는 몰입을 칭찬하고, 놀이터에서 신나게 뛰어놀 때는 얼마나 건강하게 활동하는지 이야기하자. 형제가 양보하며 사이좋게 지낼 때는 서로 양보하고 배려하니 보기 좋다고 말해준다. 평범한 이 말들이 대인관계 지능을 높이고 사회성 지수social quotient; SQ를 높여준다.

피아노를 열심히 치고 있다면 "피아노를 열심히 치네. 지난번보다 실력이 많이 늘었구나" 하고 학교에서 돌아온 아이에게는 "학교에서 공부하느라 고생했어"라고 인정하는 말을 건넨다. 열심히 한다는 것의 가치를 인정해주는 부모의 말이 아이의 열정 지수를 높여준다.

지난번보다 더 나아진 모습을 알아주는 엄마, 학교에 갔다 오는 일은 당연하지만 한편으로 기특하다고 인정해주는 엄마는 아이 스스로 자신의 존재에 대해, 자신이 현재 하는 일에 대해 자부심을 갖고 더 열심히 하도록 이끌어준다. 아이는 '내가 참 잘하고 있구나. 내가 하는 일은 가치 있는 것이야'라고 느끼게 된다.

가장 사랑하는 사람인 부모의 인정과 기대, 격려를 담은 말이 아이에게 자긍심을 선물한다. 아이의 관찰력과 호기심을 키워주는 말도 있다.

"그런 방법도 있구나. 엄마는 생각도 못했는데…. 한번 해볼까?"

이런 말이 아이에게 가능성을 열어주며 '나는 이런 걸 잘하는 아이구나' 하는 자기 충족적 예언 효과를 가져다준다. 자기가 믿고 생각한 대로 이루려면 자기 확신이 있어야 한다. 그렇다면 아이의 자기 확신에 가장 큰 영향을 미치는 것은 무엇일까? 바로 엄마와 아빠의 말이다. 엄마와 아빠의 말이 아이의 효능감을 높여준다.

아주 사소하지만
아이 미래를 밝혀주는 말이 있다

아주 사소하고 당연한 말로 일상에서 아이의 가능성을 발견하고 아이가 매사에 긍정적인 생각을 할 수 있게 이끌어주자.

"다녀왔습니다"라고 인사하는 아이에게 "이렇게 인사성이 바르니 나중에 훌륭한 사람이 될 거야"라고 말해주자.

"다녀왔습니다"라고 인사를 하는 것은 당연한 일이 아닌가? 그렇지 않다. 인사를 잘하는 것은 사회생활에서 아주 유리한 행동이다. 아이의 사회성을 기르는 기초인 인사 잘하기를 그냥 지나치지 말자. 아이의 행동과 관심에 이름을 붙여주는 엄마의 말이 아이의 미래가 된다.

아이가 유명한 화가가 되고 싶다고 한다면 '유명한'이라는 수식어를 꼭 넣어주자. '유명한 것보다 그림을 잘 그리는 화가가 낫지 않을까' 하는 생각은 할 필요가 없다. 아이의 마음 높이에 맞춰 말하는 것이 중요하다.

아이가 돈을 많이 버는 축구선수가 되고 싶다고 한다면 "돈을 많이 버는 게 중요한 게 아니라…"라는 말로 아이의 꿈을 왜곡하지 말자. 돈을 많이 벌겠다는 것은 아이 수준의 로망이다. 돈의 가치는 다른 기회에 알려주면 된다. 부모에게 인정받은 아이는 재능뿐만 아니라 자기이해 지능, 자기성찰 지능이 높아지므로 '가치'에 대해 스스로 배울 것이다.

자기이해 지능이 높은 아이는 공부도 열심히 한다

"그럼 공부는 중요하지 않은가요?"

누군가 이렇게 물으면 "진짜로 꿈이 있는 아이는 공부도 소홀히 하지 않아요"라고 말한다. 잘살려면, 자기가 하고 싶은 일을 하며 성공하려면 '최소한' 공부도 어느 정도까지는 해야 한다는 것을 아이들도 안다.

'어떤 분야에서 성공하려면 기본적으로 공부를 해야 한다'라는 마음은 부모에게 받은 인정에서 비롯한다. 부모에게 인정받으며 자신이 무엇이 되고 싶은지 아는 아이는 자기가 놓인 상황에 최선을 다한다. 자신의 소중함을 알기 때문이다. 또 인정받은 만큼 책임감도 있다. 수업 시간에는 열심히 수업을 듣는다. 공부하는 시간임을 알기 때문이다.

자기 가치를 아는 아이는 하지 말아야 할 일도 잘 구분해서 행동한다. 일상 속에서 아이의 재능과 흥미를 찾아내 인정하고 격려하는 부모의 말은 아이가 살아가면서 힘들 때나 좌절할 때 극복하고 끝까지 해내는 힘을 준다. 그리고 아이가 원하는 행복한 삶을 살게 도와준다.

• • •

소심하고 예민한 우리 아이,
멋지게 키우는 방법은 따로 있다

부모가 아이 성격에 잠재되어 있는 장점을 부각한다면 아이는 자신감과 자부심을 가질 수 있다.
소심해 보이는 아이도 세심함과 더불어 세상을 읽어내는 탁월한 능력이 있다.

설거지를 하던 중 아이가 "엄마" 하고 달려와서 안기려는데 물이 튈까봐 "저리 가. 설거지 끝내고 엄마가 갈게"라고 했어요. 그런데 제가 설거지를 다 끝내고 갔더니 아이가 울고 있는 거예요. "왜 울어?"라고 물었는데 아무 말도 하지 않아요. "왜 말 안 해? 그럼 엄마도 말 안 해"라고 했더니, 아이가 "엄마가 나한테 저리 가라고 했잖아요" 하며 또 울먹거리는 거 있죠.

우리 아이는 잘 삐치고 너무 소심해서 무슨 말도 못하겠고 정말 걱정이에요. 아직은 유치원생이라 이해하려고 하지만 초등학교에 들어가서도 그러면 어떡하나 걱정이에요. 워낙 예민한 아이라 상

처를 많이 받을까 싶어서요. 그리고 무엇보다 엄마인 제가 아이의
성격을 이해하지 못해 화가 날 때가 많아요.

상담을 요청한 엄마의 사연이다. 엄마 말을 정리해보면 '아이가
소심하고 잘 삐친다. 그런 아이를 보면 걱정이고 또 그래서 화가
난다'는 것이다. 글에서 엄마의 걱정이 뚝뚝 묻어난다.

아이를 잘 키우고 싶은 부모일수록 걱정이 많으며 걱정을 떨치
기도 어렵다. 하지만 '아이를 걱정하는 엄마의 말'이 아이를 위축
시키고 성장을 방해할 수 있으니 잘 살펴봐야 한다.

"걱정한다고 걱정이 없어지면 걱정이 없겠네"라는 티베트 속담
도 있지 않은가?

엄마는 아이가 외향적이길 바라지만
아이는…

'소심한 아이'를 둔 엄마의 걱정을 이야기하면 대부분 엄마가
백배 공감한다는 표정을 짓는다. 엄마들이 생각하는 소심한 아이
는 대범하지 않고, 뒤끝이 오래가며, 걸핏하면 상처받고, 사회성이
부족한 아이다. 그러니 큰일을 해내기에는 역부족이라는 생각에
걱정이 된다. 그러나 바로 엄마들의 걱정 속에 소심한 아이를 더
잘 키우는 비법이 숨어 있다.

대범하지 않은 아이는 조심스럽게 대하면 된다. 소심한 아이를 잘 키우고 싶다면 아이한테 소심하다는 말을 하지 않으면 된다. '소심하다'는 말을 하는 순간 엄마의 부정적인 느낌과 걱정이 아이에게 전달된다. 아이는 이 부정적인 느낌을 고스란히 받아야 하니 감내하기가 힘들다.

소심한 아이는 모든 일을 대충 넘어가지 않고 대충 듣지도 않는다. 말에 민감하고 말에 따라 영향을 크게 받는다. 그러므로 소심한 아이에게는 걱정한다는 말을 삼가는 편이 최선이다. 지나치게 칭찬하려고 애쓰지 않아도 된다. 그보다는 단점을 지적하는 것을 최소화하는 편이 현명하다.

"너 또 삐쳤어?"

"도대체 너 듣는 데서 무슨 말을 하겠니?"

"그 말이 뭐가 문제야? 그게 울 일이야?"

"성격이 왜 그러니?"

이런 말이 오히려 아이의 성격을 왜곡한다. 소심하다고 생각되는 아이에게는 이런 말들이 울 일이고 삐칠 일이며 며칠 동안 입을 닫게 만드는 일이다. 아이의 성격을 운운하기 전에 소심하다는 것을 마치 비난받을만한 성격으로 규정짓고 있는 것은 아닌지 돌아보자.

그 성격으로
친구를 잘도 사귀겠다

"그런 성격으로 어떻게 친구를 사귀니? 엄마니까 이해하고 받아주지, 그 성격으로 친구를 잘도 사귀겠다."

이렇게 아이의 친구 관계에 태클을 거는 엄마가 있었다. 초등학교 5학년인 예지의 엄마다. 예지는 또래에 비해 체격이 작고 목소리도 작다. 당연히 자신감도 없어 보이고 친구가 없는 것이 예지의 가장 큰 고민이었다.

"초등학교 들어가서 얼마 되지 않았을 때였어요. 당시 저는 엄마가 너무 서운하고 억울한 말을 해서 울었는데 엄마가 느닷없이 '그런 성격으로 학교 잘 다니겠다, 친구들은 네 성격 절대 안 받아줘.' 이렇게 모든 문제를 제 성격 탓으로 몰고 가는 거예요."

그 후 예지는 친구와 문제가 생기면 '그럼 그렇지. 내가 무슨 친구를 사귀겠어?' 하며 문제를 해결하기보다는 자신의 성격적 결함으로 원인을 돌렸다. 그렇게 친구를 사귀는 일이 두려운 아이가 되었다. 엄마의 말이 '낙인효과'를 불러온 것이다.

사실 소심한 아이들은 꽤 있다. 엄마는 그런 아이를 보면 속상하니까 어떻게든 고쳐주고 싶어 한다. 어디서든 대범해야 아이의 인생이 활짝 필 것 같기 때문이다. 그러나 소심한 성격을 무조건 고치려고만 하면 안 된다. 그저 아이를 있는 그대로 인정하고 자신감을 불어넣어줘야 한다.

예지에게는 사실 엄마의 격려가 필요했다. 그래서 예지 엄마에게 "그런 성격으로…"라는 말을 하지 말고 무엇이든 잘할 때마다 지나가듯이 또는 무심한 듯 칭찬을 하라고 했다. 소심한 아이일수록 오히려 지나가는 말에 민감하게 반응하기 때문이다.

"우리 예지는 찬찬하고 꼼꼼해서 한번 한 일은 다시 봐줄 필요가 없어."

이 정도의 칭찬과 격려를 하면 충분하다. 평범한 처방이었지만 결과는 놀라웠다. 늘 구부정하던 어깨가 펴졌고 그와 함께 신체적 성장까지 이루어졌다. 아이의 마음이 펴지자 몸도 펴진 것이다.

소심한 아이를 섬세한 아이로 키우는 엄마의 말

"너 그 성격 고쳐. 소심하기는."

엄마들은 이런 말을 아무렇지도 않게 한다. 그동안 아이에게 도움이 되지 않는 말을 이렇듯 너무 쉽게 해왔다면 이제부터 아이를 크게 키우는 말을 습관적으로 해보자.

"저리 가 있어"보다는 "엄마가 보고 싶어서 왔어? 그런데 지금 엄마가 마저 일을 해야 하거든. 잠깐만 기다릴 수 있어?" 하면 말에 민감하고 섬세한 아이는 빨리 알아듣는다.

아이의 타고난 기질과 성격은 부모라는 환경에 영향을 받는다.

아이가 '인정하고 이해해주는 부모'라는 환경을 만나면 감정이입을 잘할 뿐 아니라 공감 능력이 풍부한 세심하고 이해심 있는 사람이 되고, 그렇지 않으면 늘 위축되고 왜곡된 사람이 된다.

소심해 보이는 아이도 알고 보면 세심함과 더불어 세상을 읽어내는 탁월한 능력이 있는 아이다. 그렇기에 '꼼꼼하다·침착하다·신중하다·생각이 깊다·배려심이 있다·'욱' 하지 않는다' 등 아이의 내면에 숨겨진 장점을 자꾸 이끌어내야 크게 키울 수 있다.

아이 양육에
아빠가 정말 필요하다

~~~~~~

아빠가 아이의 사회성을 키워주는 방법에는 '온몸으로 놀아주기'가 있다. 몸으로 놀이를
많이 해주는 아빠를 둔 아이가 친구들 사이에서 인기가 높다는 연구 결과가 있다.

- **프렌디**friendy: 친구 같은 아빠를 말한다.

- **플래디**plady: 아이와 즐겁게 노는 아빠를 말한다.

- **라테파파**latte papa: 아이를 태운 유모차를 몰고 와서 라테를 마시
  며 아이 육아에 대한 이야기와 정보를 나누는 아빠를 말한다.

- **스칸디대디**scandi daddy: 자녀와 함께 많은 시간을 보내며 소통하
  는 젊은 아빠를 말한다.

- **브런치대디**brunch daddy: 엄마와 아빠, 아이가 함께 카페 나들이를
  나와 브런치를 먹거나 아빠와 아이만 나들이 나오는 경우의 아빠
  를 말한다.

- **슈퍼대디**super daddy: 집안일은 물론 아이 교육에도 적극적인 젊은 아빠를 말한다.

- **다이퍼대디**diaper daddy: 기저귀 갈아주는 아빠, 육아에 적극적인 아빠를 말한다.

- **모던파더**modern father: 초등생 자녀와 취미활동을 공유하는 아빠를 말한다.

이렇게 아빠들을 지칭하는 수많은 용어가 등장할 만큼 대디 열풍이 불고 있다.

아빠의 육아만큼
중요한 것도 없다!

지금은 아빠에게도 육아 휴직을 권장하는 시대다. 그만큼 아이에게는 아빠가 필요하다. 학교폭력, 사이버불링, 집따, 왕따 같은 말이 우리 귀에 익숙해질 만큼 자주 들리고, 그 양상이 갈수록 과감해져 아이를 둔 부모의 고민은 커져만 간다. 이때 아빠의 육아와 양육 참여는 아이들의 부족한 사회성을 키워주는 비법이다. 아이의 사회성 발달과 바람직한 성장에 아빠가 미치는 영향이 매우크기 때문이다.

아빠가 아이의 사회성을 키워주는 방법에는 '온몸으로 놀아주기'가 있다. 몸으로 놀이를 많이 해주는 아빠를 둔 아이가 친구들

사이에서 인기가 높다는 연구 결과가 있다.

그럼 구체적으로 어떻게 하면 내 아이를 사회성과 인성이 좋은 아이로 키울 수 있을까? 어떻게 하면 내 아이의 삶이 행복하도록 아빠로서 도움을 줄 수 있을까? 아이가 엄마 배 속에 있을 때부터 사춘기까지 아이 발달 상황에 따라 필요한 아빠의 육아 참여에 대해 알아보자.

태교(태아기)
아내에게 집중하기

태아기 때 아빠의 육아는 임신한 아내를 살뜰히 보살피는 것으로 시작한다. 정서적으로 예민한 아내를 위해 아빠는 아내의 이야기를 귀담아 들어주고, 부부간 서로 느낌이나 생각을 이야기하고 나누려는 노력을 해야 한다.

아내의 심신 안정과 행복이 아이에게 그대로 전달되므로 아내를 행복하게 해주는 것이 이 시기에 해야 할 아빠의 육아 비법이다. 예비 아빠들은 퇴근 후 즐겁게 달려가야 할 곳이 있다. 바로 아내와 아이가 기다리는 가정이다.

- 아내 이야기를 들어주며 맞장구는 기본이다.
- 아내의 발과 종아리를 마사지하는 것은 사랑의 표현이다.

- 아내 배를 어루만지며 태중의 아이와 대화한다.
- 아내의 배 마사지를 정성스레 하는 것은 태교와 아내 사랑의 이중주다.

영아기(만 0~2세)
목욕시키기, 기저귀 갈아주며 소통하기

이 시기에 아기가 무엇을 알아듣는다고 생각하는가? 이때 아기는 옹알이를 하며 모국어 발음을 익히고 언어 발달을 해나간다. 아빠의 안정적인 바리톤 음성이 아이에게 정서적 안정감을 주므로 끊임없이 아이와 대화를 시도하자. 기저귀를 갈아줄 때도 '수다'를 떨어보자. "우리 아기, 응가했네. 시원하지? 아빠가 기저귀 갈아줄게요" 하며 아기의 옹알이와 웃음에도 적극적으로 반응하면 아이의 언어 발달은 물론 안정 애착 형성에 좋다.

영국의 한 대학 연구팀에서 조사한 결과에 따르면, 아빠가 신생아를 목욕시키면 아이 몸에서 옥시토신이 분비되는 것은 물론 아이의 사회성 발달에 큰 도움이 되는 것으로 나타났다. 미국에 있는 한 대학의 연구 결과에서는 "3세 미만의 아이는 엄마보다 아빠의 말을 많이 들어야 문장 구성력 등 언어 발달 능력이 좋아지며, 특히 어휘 면에서는 아빠가 어떤 말을 쓰느냐에 따라 아이가 민감하게 반응한다"라고 밝혔다.

이 시기에 아이와 함께 목욕하고 아이를 목욕시키며 기저귀를 갈아줄 때도 수다를 떠는 아빠의 힘이 아이의 언어 발달, 사회성 발달에 기폭제가 된다. 그런 의미에서 다이퍼대디라는 신조어는 기저귀를 갈아주며 반응하는 육아가 중요하다는 것을 잘 짚어낸 신조어이기도 하다.

유아기(만 6세까지)
아이와 온몸으로 놀아주기, 책 읽어주기

엄마가 아무리 아이를 사랑하고 관심을 보인다고 해도 아빠만큼 잘 할 수 없는 것이 바로 '온몸으로 놀아주기'다. 아이의 활동량이 많아지고 어느 때보다 온몸 놀이를 좋아하는 시기가 바로 유아기다. 이 시기의 아이에게는 아빠와 하는 놀이가 사회성과 인성 발달에 최고 교육 비법이다. 아이는 아빠와 함께 놀이를 하면서 신체적 욕구를 마음껏 발산하며 정서적 욕구도 함께 채울 수 있다.

아빠가 가장 잘 할 수 있는 '아이와 온몸으로 놀아주기'를 실천하자. 아빠와 시간을 함께한 아이들이 활동성이 뛰어나고 사람을 대할 때 겪는 여러 갈등도 잘 해결하고 극복한다. 아이가 "아빠, 놀아줘" 할 때가 아이에게 아빠가 가장 필요할 때다. 아이에게 규칙을 알려주고, 이기고 졌을 때 태도를 자연스럽게 가르칠 수 있으니 아이의 사회성 지수를 높이는 데도 아빠와 함께하는 놀이가 가장 효과가 좋다.

그러나 '놀아준다'라고만 생각하면 의무로 여겨져 쉽게 피곤해진다. 때문에 '아빠 자신이 아이와 노는 것'을 즐겨야 한다. 그러다 보면 아이와 시간을 함께 보내는 것이 즐거워지더라는 아빠들의 경험담이 예사롭지 않다. 아빠로서의 효능감이 높아져 자존감이 올라가는 것이다.

만약 아빠가 바깥활동을 즐기지 않고 신체적으로 힘들다면 굳이 바깥놀이를 하지 않아도 된다. 아이와 실내에서 노는 것도 좋다. 때로 그것도 힘에 부친다면 아이가 노는 모습을 지켜보는 것만으로도 충분하다.

다만 아이에게 관심이 있다는 반응, 즉 "재미있게 노는구나" 등의 추임새를 충분히 해야 한다. 만약 아빠가 텔레비전이나 스마트폰을 보면서 아이에게 반응을 보인다면 아이가 아빠의 '건성 관심'을 금방 알아차릴 테니 주의하자. 아이와 함께한다는 것만으로도 '아빠는 이미 훌륭하다'는 자부심을 가질 필요가 있다. 현실적으로 아이와 늘 뛰며 놀아줄 수는 없지 않은가.

이 시기에 아빠가 아이에게 책을 읽어주는 것이 아이는 물론 아빠 자신에게도 스트레스 지수를 낮추고 업무 습득 능력도 높인다고 하니 아빠의 자연스러운 목소리로 책을 많이 읽어주자. 침대에 누워서도 좋고 아빠 품에 안고도 좋다. 10분 책 읽어주기를 추천한다.

아동기(초등학교 시기)
밖으로 나가자, 취미 생활을 공유하자

연구 결과에 따르면, 어린 시절 아빠와 여행을 하는 등 가치 있는 시간을 많이 보낸 아이들은 그렇지 않은 아이들보다 사회적인 신분 상승 능력이 뛰어난 것으로 나타났다. 반드시 거창한 여행이 아니어도 좋다. 아이와 가까운 곳으로 산책을 자주 가도록 하자. 아빠와 하는 어떤 것이라도 아이에게 좋다. 등산도 좋다. 아이와 등산할 때 힘들면 그것을 잘 극복하는 방법을 이야기할 수도 있다. 대화는 마음먹고 하는 것이 아니라 아이와 활동하는 과정에서 자연스럽게 하는 것이다.

아울러 이 시기는 '밥상머리교육'을 제대로 할 수 있는 시기이므로 최소한 일주일에 한 번은 '가족식사의 날'로 정해 아이와 밥상에서 대화를 나누는 것이 좋다. 식사시간은 대화는 물론이고 아이에게 식사예절(쩝쩝거리지 않기, 다리 떨지 않기, 골고루 먹기, 감사하는 마음으로 먹기 등)을 가르칠 수 있는 좋은 기회다.

자녀가 초등 고학년 이상이라면 아이의 꿈에 대해, 아빠의 직업에 대해 이야기를 하자. 아이에게 꿈을 키우고 관심의 폭을 넓혀주는 계기가 된다. 이때 스마트폰을 멀리하고 텔레비전이나 기타 방해가 될 만한 모든 것은 꺼두어야 가족에게 집중할 수 있다.

청소년기(중·고등학교 시기)
권위 있는 롤모델 되기

이 시기는 자녀에게 질풍노도의 혼란기다. 아이 자신도 스스로 왜 그러는지 모를 정도로 심신의 혼란을 겪고 있다는 것을 이해하자. 아울러 사춘기 자녀에게는 부모의 팀워크가 중요하다.

특히 아빠에게 권위가 있어야 아빠의 '말 한마디'가 효력이 있다. 그리고 이를 위해서는 엄마의 역할이 중요하다. 아이 앞에서 아빠의 장점을 자주 이야기하자. "아버지라는 존재는 어머니의 입을 통해 알려진다"라는 말이 있지 않은가. 엄마가 아빠의 잘못을 들추거나 아빠를 무시하는 태도를 보이면 아이는 부모 모두를 불신하고 무시하게 된다.

아빠가 커보여야 아이에게 아빠 효과가 있다. 이 시기 아이는 친구관계, 학업은 물론 몸과 마음이 성장하느라 힘들다. 이때 필요한 존재가 바로 아빠다. 마냥 좋은 '친구 같은 아빠'보다는 아이의 카오스를 정리해줄 수 있는 아빠, 롤모델 같은 아빠가 필요하다. 청소년기 아이들은 의지가 강하고 일관성이 있으며 진실한 아빠를 원한다.

아빠 스스로 당당하고 훌륭한 '권위 있는 아빠'가 되는 것이 열 마디 가르치는 말보다 효과적인 자녀 교육법이다. 여기서 살펴볼 것은 '권위 있는 아빠'는 '권위적인 아빠'가 되어 군림하는 것과는 다르다는 사실이다. 권위 있는 아빠가 되려면 약속을 잘 지키는 아빠, 감정을 잘 조절하는 아빠, 모범을 보이는 아빠, 인격적인 아빠가 되어야 한다. 부부간 갈등을 잘 해결하는 모습도 중요한 부분이다. 엄마와 아빠의 권위를 버리지 말자. 아이는 성장하면서 놀아주고 친구 같은 부모를 넘어 '닮고 싶은 부모'를 원한다.

아빠 육아의 완성점, 부부 팀워크

남편이 육아에 참여할 때 아내의 시각에서는 부족한 점이 많이 보인다. 엄마의 성에 안 차는 경우도 많다. 그럴 때 못하는 점, 부족한 점만 이야기하면 아빠의 육아 효과는 반감된다. 칭찬과 격려 그리고 인정은 자녀에게만 유효한 것이 아니다. 부부가 서로 격려하고 인정해야 한다.

우리는 모두 초보 부모가 아닌가. 첫째 아이 키울 때도 초보이고, 둘째와 셋째 아이도 처음 키우는 것이다. 다만 첫째나 둘째 때보다 시행착오를 줄이며 부모로서 더 잘하려고 노력하는 것이다. 이때 필요한 것이 바로 부부간의 사랑과 격려, 위로와 인정이다.

부부간 팀워크가 좋으면 열심히 아이를 키우며 실수를 하게 되더라도 서로 바라보고 웃을 수 있다. 아빠 육아도 부부(부모)가 행복해야 효과가 배가된다.

〈그랜트 스터디Grant Study〉의 결과에 나왔듯 자녀의 행복한 삶은 어렸을 때의 '화목한 가정'에 바탕을 둔다.

• • •

지혜로운 아이로 키우는
부모의 자세

〜〜〜〜〜〜〜

'돌을 물어 나르는 개'가 방송에 나온 적이 있다. 그 개는 주인이 아무리 혼을 내도
계속해서 돌을 날랐다. 그러던 어느 날, 개는 더이상 돌을 나르지 않았다.

'난득호도難得糊塗'라는 사자성어가 있다. "어리숙하게 보이는 것
이 정말 어려운 일이다"라는 말이다. 똑똑한 사람이 그 똑똑함을
드러내지 않고 바보처럼 사는 것은 어렵다는 것을 뜻한다.

똑똑한 사람이 넘치는 세상에 난득호도는 어찌 보면 참으로 현
명한 처신이라 할 수 있다. 왜 현명한 처신일까? 자기 자신을 낮추
고 상대방을 존중하는 처신이며, 부족함을 보이니 다른 사람에게
경계를 받지 않고 오히려 도와주고 채워주고 싶은 마음을 들게 하
기 때문이다.

'요즘 같이 똑똑한 사람들이 많은 시대에 바보같이 보이면 무

시당하는 것 아닐까?' 하는 생각도 들지만, 난득호도하는 사람 곁
에는 결국 그의 진면목을 알아주는 진정한 인격체가 모인다.

똑똑한 부모가
어리숙한 아이 만든다

난득호도라는 말을 보면 '아이를 머리로 키우는 똑똑한 부모보
다 가슴으로 키우는 어리숙한 부모'가 필요한 시대라는 생각이 든
다. 넘치는 육아 정보로 중무장한 똑똑한 부모 밑에 있는 아이들
이 더 힘든 것은 아닐까?

난득호도라는 말의 의미를 되새기며 아이를 잘 키우고 싶은 이
시대 부모들과 함께 나누고 싶은 말로 '삼척동자 부모'를 추천한
다. 삼척밖에 안되는 아이도 안다는 의미의 삼척이지만 '모르는
척, 안 들은 척, 못 본 척'하는 부모로 차용해보았다. 부모들이 아
이들에게 못 들은 척, 안 본 척 등 어리숙한 척해보기를 제안한다.

부모가 너무 똑똑하면 아이는 얼굴을 펼 날이 적다. 왜 그럴까?
부모는 아이의 모든 것을 다 안다는 듯 대한다. 아이가 무언가 질
문할 때도 부모 마음에는 이미 답이 정해져 있어 아이의 대답을
기다려주지 않고 답을 준다거나 부모가 원하는 답이 안 나올 경우
아이를 채근하며 답답해한다.

아이는 이런 부모가 부담스럽다. 이렇게 되면 부모와 아이가 심

리적으로 가까워지기도 어렵다. 또한 부모 스스로도 걱정이 많고 지쳐 육아 피로도가 높아진다. 아이에게 미소를 보일 여유가 줄어든다. 똑똑한 사람이 어리숙하게 보이기가 어렵듯 똑똑한 부모가 모르는 척, 안 본 척, 못 본 척하기는 더 어렵다.

부모는 아이를 좀더 잘 키우고 싶고, 자신이 겪은 시행착오를 아이에게 미리 알려줘 아이의 실패율을 낮춰주고 싶다. 빨리 알려주고 싶으니 기다리거나 참기 어려울 수밖에 없다. 어느 길이 안전한 길인지 알려주려고 하기 때문에 아이의 시행착오도 미리 차단된다. 이렇게 다 알려주려 하니 자신의 세계를 구축해나가며 독립심을 키우려는 아이와 사사건건 부딪친다.

부모가 사사건건
간섭하고 도와주면 안된다

"엄마 말 들어."

'엄마 말을 잘 들으면 자다가도 떡 얻어먹는다'는 속담은 여전히 유효한 말로 응용된다. 그러나 과연 그럴까?

"그러니까 이렇게 하라고 했잖아."

아이의 실패를 모두 엄마의 말을 안 들어서라는 듯이 이야기하면 아이는 스스로의 결정력을 불신하게 된다. 아이의 선택과 결정력은 자꾸 무뎌진다. 아이의 능력은 줄어들고 부모의 능력에 의존

하게 된다.

"알았어. 엄마가 어떻게 해볼게. 아무 생각 말고 공부나 해."

엄마는 아이의 모든 것을 통제할 수 있다고 생각하지만 초등학교 고학년만 되어도 아이는 이미 엄마의 시야 밖에 있으며, 그곳은 예측이 불가능한 무대다. 또 그래야 한다. 아이에게는 아이의 세계가 있기 때문이다. 그 세계는 아이 스스로가 펼치고 헤쳐 나가야 할 곳이며 부모가 일일이 간섭하고 도와줄 수 없다. 온전히 아이 몫이다.

또한 아이에게 말한 '아무 생각 말고'는 아이를 '무뇌'로 만드는 것이다. 공부만으로 아이에 대한 부모의 바람이 이뤄지기에는 아이 세대는 부모 세대와 너무도 다르며, 세상은 변화로 가득하기에 앞으로도 더욱 달라질 것이다.

부모라면 누구나 아이에게 무엇이든 다 해주고 싶고, 우리 아이는 그저 편안하고 행복한 길만 걷길 원한다. 고생하는 건 볼 수 없고(공부 고생만 빼고), 아이 인생만큼은 모든 어려움에서 비껴나가게 하고 싶다. 평생 아이가 하고 싶은 것만 하면서 행복하게 살았으면 좋겠다.

그러나 우리는 이미 알지 않은가. 그런 길은 없다. 혹시 아이가 공부를 잘하면 행복하게 살 가능성이 높을 것 같아 공부에 목숨을 걸지만 공부라는 게 결코 만만치 않다. 공부는 하기 싫고 지루하다. 집중하고 주의를 기울이며 웬만한 유혹도 이겨내야 겨우 할 수 있는 게 공부다. 그러려면 어려서부터 '바른 습관'이 중요하고 결국 괜찮은 인격체로 성장해야 한다. 이 대목에서 부모 역할이 부각되며 다양한 부모 역할이 필요하다.

못 들은 척,
안 본 척의 효과

부모라는 캐릭터는 평면적이 아니라 입체적이다. 부모는 자애롭지만 엄격하고, 유연하면서도 권위가 있어야 한다. '어리숙한 부모'는 부모의 다양한 역할 가운데 하나다. 어떨 때 어리숙한 부모여야 하는지 예를 들어보자.

아이가 부모와 대화하다가 엄마의 훈육을 들어야 하거나 궁지에 몰리는 상황에서 혼잣말로 "아이 씨!"라고 했다. 자기도 모르게 거의 지나가는 소리로 했지만 아이도 당황했다. 그런데 엄마가 바로 "너 지금 뭐라고 했어?" 한다. 당황한 아이가 "아무 말 안 했어요"라고 했다면 굳이 "다시 말해봐" "안 하긴 뭘 안 해. 분명히 씨 뭐라 했잖아" "뭐 씨? 너 엄마한테 씨? 다시 말해봐" 할 필요는 없다. 지나칠 건 지나치자. 아니면 매번 걸려 넘어지고 부모와 아이 둘 다 아프다. 그럼 어떻게 하면 좋을까?

첫 번째, '못 들은 척'하는 것이다. 그리고 다음 용건으로 넘어가자.

두 번째, 엄마가 아이의 '씨'를 반복해서 피드백하지 말자. 오히려 '강화'만 하게 된다. '씨' 하는 엄마도 듣는 아이도 부정적 상황만 커질 뿐이다.

세 번째, 굳이 나쁜 습관이라고 생각되어 지적하려면 "엄마가 잘못 들은 거겠지?" 하거나 잠시 호흡을 가다듬는 모습을 보이는 정도면 된다.

아이가 그 모습을 보고 스스로 수습하도록 기회를 주자. '반복'과 '관심'은 아이의 행동이 긍정행동이든 부정행동이든 상관없이 행동을 강화한다. 삼척동자 엄마는 무심한 엄마가 아니다.

'돌을 물어 나르는 개' 이야기가 방송에 나온 적이 있다. 개는 이가 다 빠지도록 큰 돌, 작은 돌을 가리지 않고 물어 날랐다. 주인은 개가 돌을 나르지 못하도록 별 방법을 다 썼지만 개의 습관은 고쳐지지 않았다. 그러다 어느 날, 개는 더이상 돌을 물어 나르지 않았다. 어떤 방법을 썼던 걸까? 바로 주인이 '못 본 척'했기 때문이다.

못 본 척, 안 들은 척은 무관심이 아니다. 아이를 사랑하고 수많은 관찰 끝에 나온 '진짜 관심'이다. 잔소리와 간섭이라는 '관심' 대신 '무심'이 잘 전달될 때가 있다. 수십 번 아는 척하고 싶고, 수백 번 가르치고 싶지만 '난득호도'라는 사자성어를 떠올리자. 그리고 삼척동자 엄마가 되자고 미소 한번 지어보자. 믿고 기다려주는 부모에게 잘 성장하는 자녀가 있다.

웃는 엄마, 환한 엄마가
아이 잘 키우는 엄마다

아이에게 조금만 맞추고 기대를 낮추면 웃지 않을 일이 없다. 엄마가 환하면 아이도 환하다.
환한 아이가 잘 큰다. 아이를 잘 키우고 싶으면 엄마가 먼저 환하게 웃자.

한창 '사오정 시리즈'가 유행할 때다. 엄마와 아이가 아이스크림 가게에 왔다. 아이가 신나는 목소리로 "엄마, 콜라 먹는 재미가 있대요" 한다. 엄마는 아이에게 "콜라?" 하며 놀라는 시늉을 한다.

"아, 엄마 그거 있잖아. 사오정이 여기 콜라 먹는 재미가 있는 곳이죠? 그랬대요."

"아!"

"그거 엄청 유행인데…. 에이, 엄마는 그것도 모르고."

"우리 아들 덕분에 하나 알았네. 하하하. 엄마도 다른 사람들한테 써먹어야지. 아들, 자세하게 알려줘."

"그러니까 엄마. 사오정이 '골라 먹는 재미가 있다'를 '콜라 먹는'이라고 잘못 들은 거야. 사오정이니까 잘못 알아들은 거지."

아들은 엄마한테 신나게 설명한다. 아이스크림을 고르며 엄마와 아이는 웃음꽃을 피운다. 이런 모습이야말로 '웃음꽃이 피어나다'라는 표현에 제격이다.

아들과 엄마를 보며 문득 이런 생각을 했다. '저렇게 키우면 좋겠구나. 소통은 저렇게 하는 거구나.'

아이 기를 살린다고 '훈육'도 제대로 못하는 엄마가 있는가 하면, 아이가 기죽을까봐 절절매는 부모도 있다. 그럼 끝까지 아이 중심으로 키우는가 하면 그렇지도 않다. 참고(아이 잘 키우고 싶어) 참아주고, 봐주고(아이 기 죽일까봐) 또 봐주다가 한꺼번에 확 폭발해서 육아의 공든 탑을 무너뜨리기도 한다.

진짜 공들인다는 건 웃는 것, 진짜 공감한다는 건 웃어주는 것

아이에게서 한 발만 물러나 엄마 자신을 보자. 자신이 제대로 보일 것이다. 아이에게서 한 발 물러나는 '비법'과 솔루션으로 '씩' 웃는 것을 추천한다. 아이 말에 '박장대소'하는 것을 강력히 추천한다. 다시 한 번 강조하지만 육아가 비장해서는 웃기도, 웃어주는 것도 쉽지 않다.

아이 말에 "그게 뭐가 웃겨! 얼른 고르기나 해" "쓸데없는 소리 말고 빨리 골라. 얼른 가야 해. 바빠" 했다면 공감은커녕, 기 살리기는커녕 아이는 무안해질 뿐이다.

무안을 당하고 자기 말이 존중받지 못하니 아이의 자존감이 바닥으로 떨어진다. 이것이 공든 탑이 무너진다고 한 이유다. 입꼬리를 올려 웃어보자. 아이의 말에 크게 웃어주자. 엄마가 올린 입꼬리에 아이의 자존감도 올라간다. 엄마의 웃음소리 크기에 아이의 성취감도 커진다.

얼마 전 웃음에 관한 유머를 보았다. 육아에 던지는 메시지와 울림이 컸다. 응용해서 옮겨본다.

하하하(下, 아래 하): 자신을 낮추고 남을 높이는 것이다. 이것이 웃음의 출발점이다.

호호호(好, 좋을 호): 호감이야말로 가장 뛰어난 이미지메이킹이다. 웃음 속에 관계를 갈망하는 의지가 새겨진다. 때문에 웃음은 만국공통 여권이다.

희희희(喜, 기쁠 희): 웃다보면 좋은 일만 생긴다. 그래서 희喜에는 좋은 길흉이 새겨져 있다. 행복해서 웃는 것이 아니라 웃어서 행복하다.

허허허(虛, 빌 허): 웃음은 '비움'이다. 웃는 순간 가슴에는 태평

160

양보다 더 큰 바다가 생겨나고 여유로워진다.

해해해(解, 풀 해): 웃다보면 근심걱정이 도망간다. 웃음은 마음의 해우소다. 웃을 때는 '하하하'로 끝나면 안 된다.

하하하, 호호호, 희희희, 허허허, 해해해로 마무리되는 순간 웃음이 완성된다.

이 유머를 부모 강연에서는 이렇게 응용했다. "〈리리리자로 끝나는 말〉에 맞춰 웃어볼까요? 거실을 지나며, 빨래를 널면서도 흥얼흥얼해보세요." 그랬더니 어느 엄마는 '분노조절방법'으로도 좋다는 문자 메시지를 보냈다. 이제 〈리리리자로 끝나는 말〉에 맞춰 웃어보자.

하하하(미나리)

호호호(개나리)

희희희(종아리)

허허허(보따리)

해해해호호호(유리 항아리)

아이에게 조금만 맞추고 기대를 낮추면 웃지 않을 일이 없다. 아이를 잘 키우고 싶으면 엄마가 먼저 환하게 웃는 것임을 꼭 기억하자. 엄마가 환하면 아이도 환하다. 환한 아이가 잘 큰다.

잘못된 발음 고치려다 아이 발달 망친다
유아교육기관 적응 잘하려면 자조 능력이 중요하다
어린이집과 유치원, 언제 어떻게 보내야 좋을까?
어린이집이나 유치원에 다니기 전에 꼭 준비해야 할 것들
규칙, 일방적으로 정하지 말고 아이와 함께 만들자
아들과 성(性)에 대해 솔직하게 이야기하자
아이를 크게 키우는 비법은 따로 있다

4장

버럭엄마, 우아하게 아이를 키우고
싶다면 실전에서 강해야 한다

잘못된 발음 고치려다
아이 발달 망친다

부모의 '예민함'은 아이에게 곧바로 전해져 아이는 긴장하게 된다. 긴장하면 잘하던 것도 제대로 못한다. 당연히 발음도 제대로 안 나오고 말도 실수한다. 교각살우라는 말, 꼭 기억하자.

상담을 해오는 사례 중 언어 발달에 관한 것이 많다. 영유아기에는 말을 잘하느냐가 '똑똑한 아이'를 가늠하는 잣대로 여겨질 만큼 말은 발달의 지표가 되기도 한다. 반면 아이가 말을 잘하긴 하는데 발음 부분에 더 신경을 쓰는 부모들도 있다. 이해하고 기다리긴 하지만 그래도 발음을 고치려다가 아이를 무안하게 하거나 기를 죽이는 일도 많다.

설령 아이가 언어치료라든가 발음교정을 받는다 하더라도 더 중요한 것이 있다. 바로 부모의 정서적 지원이다. 자칫 잘못하면 아이 발음을 교정해주려다 전반적인 발달을 놓칠 수 있다.

교각살우矯角殺牛라는 말이 있다. '소뿔 바로잡으려다 소 잡는다'는 말이다. '작은 것을 고치려다가 큰 것을 잃는다'는 의미로도 쓰인다. '훈육'해야 할 상황에서나 아이 습관을 바로잡으려고 잘못된 접근을 할 때 비유적으로 쓸 수 있는 말이다.

아이 발음 잡으려다
전체 발달을 망치는 경우도 있다

아이의 언어 발달에 이 고사를 적용하면 정신이 번쩍 든다. 부모는 아이의 언어 발달을 돕고자 노력한 것인데 정작 아이의 기를 꺾고 자존감을 떨어뜨리다가 결국 아이가 입을 닫을 수도 있기 때문이다. 아이의 말을 바로잡으려다 되려 아이를 잡는 꼴이다.

"'잠자디'가 뭐야, '잠자디'가. 잠자리지. 또 '저디'래? 저기라니까. 다시 말해봐."

그런다고 아이에게 '잠자리' '저기'라는 바른 발음이 나올 리 없다. 엄마는 아이의 잘못된 발음에 잔뜩 예민하다. 아이의 'ㄹ' 발음이 'ㄷ'으로, 'ㄱ' 발음이 'ㄷ'으로 나오니 말이다.

부모의 '예민함'은 아이에게 곧바로 전해져 아이는 긴장한다. 긴장하면 잘하던 것도 제대로 못하게 된다. 당연히 발음도 제대로 안 나오고 말도 실수한다. 아이의 발음에 대처하는 부모의 말 7가지를 살펴보자.

아이의 발음에 대처하는
부모의 말 7가지

첫째, 발음을 지적하면 더 심해진다

상상해보라. 내가 말을 할 때 누군가 내 발음이나 어조, 어투를 자꾸 지적하면 말하고 싶을까? 당연히 입을 다물게 된다. 아이 발음을 고치려고 잘못 접근하면 오히려 전반적 발달을 망치게 된다. 심지어 부모와 아이의 관계까지 흔들릴 수 있다. 또 다른 문제는 잘못된 발음을 엄마가 반복해서 들려주게 되어 오히려 강화가 된다는 것이다. 최소한의 지적도 하지 말자. '넘어가기'도 중요한 교육 방법이다.

둘째, 자연스럽게 '바른 발음'으로 들려준다

"엄마, '잠자디' 나아가" 했다면 "'잠자디'가 뭐야, 잠자리라고 해야지" 하고 지적하지 말고 바른 발음으로 자연스럽게 말해주는 것이 좋다. "어, 그렇구나. 잠자리가 날아가는구나."

고치려는 지적보다 다시 말해주는 친절이 좋다. 고치려는 마음은 지적으로 나타난다. 부모는 아이가 뜻대로 따라오지 않을 때 화를 낼 준비까지 되어 있다. '고치고 말테야' 하고 작정했기 때문이다. 하지만 아이 발음이 엄마가 작정한다고 즉시 고쳐질 가능성은 없다.

셋째, 의성어와 의태어를 많이 들려준다

말은 즐겁게 배우고 즐겁게 해야 한다. 의성어와 의태어는 발음이 다양해서 말하면 재미있고 즐겁다. 뿌웅뿌웅, 뽀록뽀록, 펄럭펄럭, 살랑살랑, 똑똑똑, 어푸어푸, 훨훨 등 자연스럽게 어려운 발음까지 즐겁게 경험하는 효과가 있다. 의성어와 의태어가 많이 나오는 동시를 읽고 시어詩語를 바꾸어보는 활동을 해보자.

넷째, 많이 읽어준다

동시와 동화를 많이 읽어준다. 동화를 읽어줄 때는 동화구연가처럼 성대모사에 지나치게 신경 쓰지 말고 작가의 문체를 살려 자연스럽게 아이에게 읽어준다. 동시는 엄마가 한 줄(한 행)을 읽고 아이가 따라 읽는 방법도 좋다. 이때에도 아이 발음에 관심을 두지 말고 동시의 느낌을 살려 읽기만 하면 충분하다.

다섯째, 즐거운 상황에서 대화를 주고받는다

아이와 놀 때나 간식을 먹을 때 등 즐거운 상황에서 대화를 하다보면 아이의 언어 발달은 물론 발음까지 좋아진다. 특히 역할놀이(소꿉놀이)를 할 때 "사과 3개 주세요" 한다든가 아이가 밥상을 차려주면 "어머, 이 반찬이 새콤하고 정말 맛있네요" 등 아이가 어려워하는 발음(ㅅ, ㅈ 등)을 사용해서 엄마의 바른 발음을 자주 들을 수 있도록 해준다.

여섯째, 천천히, 또박또박, 밝은 표정이 중요하다

아이와 말할 때는 어른들과 말할 때보다 약간 천천히 한다. 그리고 또박또박 발음한다. 아이에게 "말 좀 천천히 해" "또박또박 말해. 무슨 말인지 못 알아 듣겠잖아" 하고 요청하기보다 부모가 먼저 아이가 잘 알아듣게 천천히, 또박또박 말해주면 아이의 듣는 귀가 발달하게 된다. 이때 엄마의 밝은 표정을 보여주면 좋다.

일곱째, 언어 유능감을 갖게 해준다

무엇보다 중요한 것은 아이에게 '말하고 싶다'는 마음이 들도록 하는 것이다. 내가 말하면 나의 말을 잘 들어주는 부모가 있다는 느낌을 아이가 받아야 한다. 아이의 발음이 어떻든 귀 담아 경청해주고 반응해주는 부모가 곁에 있다면 아이는 언어 유능감을 느끼고, 말의 가치를 배우게 될 것이다.

만약 아이가 발음 교정을 받거나 전문가에게 도움을 받더라도 부모의 정서적 지원이 정말 중요하며, 이러한 지원을 충분히 받을 때 효과도 높아진다.

유아교육기관 적응 잘하려면
자조 능력이 중요하다

밝고 신나고 즐거운 아이들은 적응을 잘한다. 아이 스스로 잘할 수 있도록 '유능감'을 선물하자.
자조 능력이 높으면 아이도 즐겁고 신나게 어린이집에 다닐 수 있다.

아이를 유아교육기관에 보내면서 부모가 주로 걱정하는 것은 '애착'과 '분리불안'이다. 이제 3세가 된 어린아이는 더 그렇다. 3세는 아직 부모 품을 벗어나기에는 이른 나이다. 하지만 3세 이상이라면 3, 4월에는 약간 걱정되지만 이후에는 적응을 못할 정도로 심한 분리불안이 나타나지는 않는다.

만약 아이가 계속 적응을 못해 힘들어한다면 애착 형성에만 초점을 둘 것이 아니라 자조 능력을 살펴보자. 같은 나이라도 적응을 잘하는 아이가 있다. 스스로 할 수 있는 게 많은 아이다. 왜 그 아이는 적응을 잘하는 걸까?

아이 스스로 하는 게 많으면 적응도 잘한다. 3세 이상이면 '유아'라는 호칭으로 불린다. 유아기에 아이 스스로 할 수 있는 일에는 어떤 것이 있을까? 신발 벗고 신기, 포크나 수저 바르게 사용하기, 바르게 앉아 식사하기, 양치하기, 손 씻기, 옷 입고 벗어 정리하기, 화장실에서 옷 내리고 올리기, 대변 후 뒤처리를 스스로 하거나 도움 요청 방법 알기 등이 있다.

애착이 문제라고?
자조 능력이 중요해!

언어 발달, 사회성 발달, 자율성과 인지 발달 등 유아교육기관에 다니면서 얻게 되는 기대 효과를 우리 아이가 충분히 얻어야 한다. 유치원이나 어린이집의 자유선택 활동에서 얻는 다양한 경험은 아무리 교육적인 부모라 해도, 집 안을 각종 교구와 학습지, 책으로 채워줘도 따라갈 수 없다.

유치원, 어린이집에는 역할놀이, 과학 영역, 도서 영역, 블록 쌓기, 미술활동, 말하기·듣기·읽기·쓰기 같은 언어활동, 바깥 놀이, 동화 듣기, 이야기 꾸미기, 동시 지도, 동극 놀이, 음률 활동, 모둠 활동, 점심식사, 간식 먹기, 특히 이야기 나누기는 생활 주제 활동으로 알차게 꽉 차 있다. 그밖에 손 씻기, 식사 후 양치하기 등 유아기 생활습관을 구체적으로 가르친다.

"오늘 유치원에서 뭐 배웠어?" "오늘 어린이집에서 뭐 했어?"라고 물어보았을 때 아이가 "음…" 하며 쉽게 대답하지 못하는 것은 당연하다. 다양한 활동을 했기 때문에 무엇을 먼저 말할지 생각하는 것이다.

이렇듯 많은 활동에는 선생님의 지도와 관심이 필수지만 부모 걱정대로 일대일이 아닌 '단체'이기 때문에 아이의 자조 능력이 무엇보다 중요하다.

특히 6세 또는 7세라면 더 그렇다. 아이 스스로 할 수 있는 일이 많으면 자신감이 생기고 방어 능력까지 생긴다. 이 시기에는 자율성과 수치심, 주도성과 죄책감이 교차한다. "난 못해" 하는 아이가 느끼는 것은 수치심과 죄책감이다. "할 수 있어" 하는 아이는 자존감이 높아진다.

아이의 자조 능력에 신경을 써야 한다

애착과 분리불안 때문에 걱정이라지만 그보다 더 신경 써야 할 부분이 바로 자조 능력이다. 유아기 때 아이 스스로 행동한다는 것은 엄청난 능력이다. 연령이나 아이 특성에 따라 잘 되지 않는 것이 있는지 확인하고, 아이와 부모가 함께 연습해야 한다.

아이가 낯선 환경에 적응하고 적극적으로 시도하려면 아이 스스로 할 수 있는 것이 많아야 한다. 그래야 자신감도 커져서 환경에 잘 적응하고 성취감도 생기며 자존감도 높아진다. 그런 아이는 이렇게 말할 것이다.

"유치원에 가고 싶어."

"어린이집 좋아."

기관에 보내면서 부모 걱정은 태산 같지만 단체 생활의 장점은 무수하다. 사회성, 자립성, 문제해결 능력, 언어 발달, 인지 발달 등 다양한 경험을 하며 배울 수 있기 때문이다.

집에서는 식사도 엄마와 아빠가 도와줬지만 또래와 함께할 때는 스스로 먹어야 한다. 집에서는 화장실 가기가 편하지만 어린이집이나 유치원에서는 놀이에 집중하다가 급하게 화장실에 가는 경우가 있다. 그럴 때 옷을 금방 내리지 못하거나 또는 대변 후 뒤처리를 못하고 도움을 청하지 못해 실수할 수도 있다.

그럼 이런 부정적 경험들이 저장된다. 싫었던 경험은 차곡차곡 쌓이고 그 장소도 싫어지게 한다. 그러다 어느 날 이렇게 말한다. "유치원 가기 싫어." "어린이집 안 가." 이 상황을 최소화해야 한다. 가고 싶게 만들어야 한다.

아이가 스스로 할 수 있게 하고, 실수를 최소화하도록 도와줘야 한다. 아이의 가기 싫다는 핑계가 많아질수록 부모는 여러 면에서 교육기관을 의심한다. 아이가 밝게 웃으며 잘 다니면 부모도 그 기관이 좋다.

우리 아이의 자조 능력을 키우는
4가지 노하우

첫째, 아이 스스로 잘 먹게 하자. 아이에게 맞는 수저 또는 포크로 준비해주고, 바르게 앉아 흘리지 않고 먹게 한다. 아이에 따라 빨리 먹는 경우도 있고, 밥 한 숟가락 입에 물고 한참 앉아 있는 경우도 있다. 기관에 가면 또래들의 식사하는 모습을 보며 자연스럽게 고쳐지는 경우도 있지만, 그렇지 않으면 식사 시간을 회피하기도 한다. 이것이 이유가 되어 "유치원 가기 싫어"로 이어질 수도 있다. 아이가 먹기 힘들어하는 음식이 있다면 선생님과 의논해 학기 초에는 그 반찬을 조금만 주면서 적응하게 돕는다.

둘째, 아이와 칫솔을 잡고 양치하는 방법을 연습하자. 칫솔질은 잘하지만 입을 헹구고 물을 뱉는 걸 어려워하는 경우도 있다. 세면대에 잘 뱉을 수 있게 같이 연습한다. 이를 닦으며, 세면대에 어떻게 뱉고 컵에 물을 받아 입을 어떻게 헹구고 혀를 닦는지 세심하게 함께해보자.

셋째, 손 씻기를 알려주자. 긴 소매 옷을 입었을 경우 소매부터 걷게 한다. 손목까지 씻어야 하기 때문이다. 아이가 소매를 적시면 다음 활동이 불편해진다. 축축한 기분이 다른 활동도 불쾌하게 하는 것이다. 아이가 쾌적해야 모든 일이 즐겁다.

넷째, 용변 후 뒤처리는 도움을 청하는 방법을 알려주자. 이 부분은 선생님이 도와주지만 아이가 옷을 내리고 올리기 정도는 잘

할 수 있게 연습해야 한다. 그리고 아이가 선생님에게 도움을 요청하는 표현을 구체적으로 알려주자. "선생님, 화장실 가고 싶어요." 선생님이 알아야 화장실 가서 용변을 보게 도와주고, 용변 후 뒤처리도 도와줄 수 있다. 혼자 응가하고 뒤처리를 하지 않은 채 그대로 옷을 올리는 아이도 있다. 대변은 특히 선생님께 도움을 청하도록 잘 가르쳐야 한다.

아들의 경우 오줌 방울이 남아 팬티가 젖을 수 있으므로 소변을 본 후 마무리하는 방법도 잘 알려주자. 아이의 신체적·정신적 준비, 자조 능력이 단체 생활의 질을 좌우한다고 해도 지나친 말이 아니다.

어린이집과 유치원,
언제 어떻게 보내야 좋을까?

～～～～～

유치원과 어린이집은 어떻게 다를까?
어린이집과 유치원은 언제 보내면 좋고, 무엇을 준비하면 좋을까?

안녕하세요! 현재 4세 된 아들이 한 명 있고, 저는 3년의 육아 휴직을 끝내고 복직을 앞두고 있습니다. 출산 후 휴직 기간에 나름대로 최선을 다해서 육아를 한다고 했지만 복직을 앞두니 갈등이 생기네요.

보육을 위해 어린이집에 보내야 할 것 같은데 엄마 상황 때문에 아이를 맡기는 것 같아 미안한 마음이 들어요. 우리 아이는 친구 장난감은 뺏어본 적도 없고 그렇게 하지도 못하지요. 자기 것을 뺏겨도 가져올 줄 모르고 발만 동동 구르는 아이여서 제가 더 걱정하는지 모르겠어요.

여럿이 있어도 나눠주고 기다리고 양보할 줄 알고 순한 편인데, 혹시 또래 애들의 행동 중 나쁜 것을 모방하지는 않을지 그런 것도 걱정되고요. 3~4세까지는 또래관계보다는 혼자 노는 게 괜찮을 것 같은데 사회성 발달을 위해 어린이집을 보낸다고 하는 게 맞는 건가요?

입학 상담한 어린이집에서도 보내는 이유 중 하나가 사회성 발달이라고 하더라고요. 저는 여건만 된다면 제가 가정에서 양육하다가 5세에 보내고 싶지만 복직해야 하니 보내긴 해야 해서 조언이 듣고 싶어요.

유치원과 어린이집은
언제 보내면 좋을까?

아이를 언제 기관에 보내면 좋은지는 3세 미만 영아인 경우, 엄마와 아빠 상황에 따라 다르다. 이 시기는 전적으로 아이 선택이 아니라 부모 선택에 달렸다.

아이가 "엄마, 어린이집 가서 친구들과 놀고 싶어요" 하려면 아이에 따라 다르겠지만 일반적으로 4, 5세는 되어야 한다. 어릴수록 상담한 엄마의 고민처럼 또래에게 배우는 게 많아도 부모와 가정에서 지내는 게 좋을 수도 있다. 하지만 부모 모두 직장에 다닐 경우 등 상황에 따라 어린이집을 보내는 게 일반적이다.

문제는 엄마 품에서 애지중지 키우다가 엄마와 떨어뜨려 멀리 보내는 느낌, 아직 어린 아이를 일방적으로 기관에 떠맡기는 듯한 죄책감 때문에 결국 '우리 아이, 어린이집에 보낼 것인가'라는 부모의 선택 문제가 남는다.

유치원은 우리 나이 5세 때부터 보낼 수 있지만 어린이집은 1세 때부터라도 부모님과 상황에 따라 정하면 된다. 아이가 12개월이어도 어린이집에 보내야 한다면 긍정적인 마음으로 보내야지 지나치게 불안해하거나 아이를 딱하게 여기면 부모의 불안감이 아이에게 전이된다.

워킹맘은 아무래도 전업맘에 비해 아이를 어린이집에 일찍 보낼 수밖에 없다. 물론 아이에게 집보다 기관이 더 편하지는 않다. 집보다 더 편한 곳이 어디 있겠는가. 하지만 누군가에게 맡겨야 하는 상황이라면 걱정도 있겠지만 전문기관이 믿을만하다.

아이가 그곳에서 잘 지낼 거라고 믿어야 엄마와 아빠도 일을 할 수 있다. 아이에게 미안한 마음은 떨칠 수 없지만 그게 최선의 선택이라고 부모가 진지하게 판단했다면 그 결정을 믿어야 아이에게도 그렇게 전달된다.

낮 시간을 아이와 보낼 수 없어 미안하지만 꼭 보내야 하는 상황이라면 우리가 준비한 대안이 있지 않은가. 저녁 시간 이후 아이와 양보다 질로 제대로 시간을 보내는 것이다.

어린이집과 유치원 중
어디가 좋을까?

우리나라는 유아교육기관이 유치원과 어린이집으로 나뉘어 있다. 어떤 부모는 유치원은 5세부터 7세까지, 어린이집은 그 이전에 보내는 거라고 생각하기도 하는데 어린이집은 가정어린이집, 민간어린이집, 국공립어린이집이 있고 영아부터 우리나라 나이 7세까지 어린이집에 보낼 수 있다.

유치원은 사립유치원, 국공립유치원(단설, 병설유치원)이 있고 우리 나이 5세부터 7세(3세반부터 5세반)까지 다닌다. 만 3세 이전 영아는 어린이집에서 '표준보육과정'으로 지도하고, 3세반부터 5세반까지는 유치원과 어린이집에서 '누리과정'을 배운다.

정리하면 만 3세 이전은 어린이집, 만 3세 이후 유아는 어린이집과 유치원 중에서 선택하면 된다. 국공립이 더 좋은가, 사립이 더 좋은가는 민감한 문제라 몇 부분만 보고 판단하기는 어렵다.

아이와 이야기 나누고
알려주는 게 중요하다

부모가 여러 가지를 고려한 뒤 직접 방문해서 둘러보고, 진지하게 의논해서 드디어 결정했다면 더 중요한 것이 남았다. 결정은 현명한 부모가 내렸지만 이제부터 아이와 의논해야 한다.

'적응은 잘할까? 아침에 분리불안으로 울면 어떡하지? 아이들한테 나쁜 말을 배우면 어떡하지? 우리 아이가 조금 활동적인데.' 혹시나 하며 걱정만 하지 말자. 이 걱정을 하나씩 하나씩 풀어나가자. 다 해결될 수는 없어도 아주 많이 풀어나갈 수 있다. 아이는 충분히 잘 다닐 수 있다.

아이를 유아교육기관에 보내야 한다면 어느 기관에 보낼까, 언제 보낼까보다 더 중요한 것은 아이에게 알려주고 이야기를 나누고 준비하는 것이다.

교육 프로그램을 살펴보고 집과 가까운 곳에 있는지, 차량 운행이 자유로운 곳인지, 부모의 교육철학과 부합하는 곳인지, 운영 시간이 우리집의 상황과 맞는지 등을 살펴보자. 만약 특별 프로그램만 내세운다면 꼼꼼히 살펴보아야 한다. 어린이집과 유치원은 국가 교육과정(누리과정)이 우선이어야 하기 때문이다.

교실의 영역이 짜임새 있게 구성되어 있는지, 아이들이 놀 만한 공간의 여유가 있는지, 청결한지도 중요하다. 그런 면에서 화장실을 돌아보는 것은 필수다. 그리고 무엇보다 선생님의 표정이 환한지 봐야 한다. 인적 환경은 물적 환경을 능가한다. 아무리 규모가 크고 수영장 및 시설이 갖춰져 있으며 넓은 공간을 자랑하는 기관이라도 교육의 질은 교사를 능가할 수 없다.

어린이집이나 유치원에 다니기 전에
꼭 준비해야 할 것들

부모가 여러 가지를 고려하고 방문하고 둘러보고 진지하게 판단해서 결정했지만
이제부터 아이와 의논해야 한다. 아이에게 알려주고 이야기 나누고 준비해야 하는 것이다.

대체로 어린이집이나 유치원은 부모님을 대상으로 오리엔테이션을 한다. 하지만 부모만 알아서는 안 된다. 엄마와 아빠가 아이에게 개별적으로 오리엔테이션을 해야 한다. 엄마와 아빠는 아이가 잘 다니도록 도와줄 뿐, 유치원과 어린이집에 직접 다니는 사람은 아이다. 그러니 아이가 다니게 될 어린이집(유치원)에 대해 누구보다 먼저 아이가 알아야 한다.

"우리 아현이가 다닐 유치원은 ○○유치원이야."

"(달력을 가리키며) 이 날부터 다니게 될 거야."

"(입학식을 한다면) 어린이집에 다니려면 입학식을 하는데 입학식

에는 아빠, 엄마, 할머니도 함께 간단다."

"입학식을 한 다음에는 우리 아현이가 어린이집 버스를 타고 어린이집에 다니는 거야."

"유치원에 가면 우리 아현이 친구들이 있단다."

"유치원에는 원장 선생님, 선생님, 다른 반 친구들도 있어."

"어린이집에서는 교실에서 지내는데 교실에서는 동화도 듣고, 노래도 배우고, 율동도 해. 물론 장난감도 있지."

"점심식사도 친구들과 함께하는데 제자리에 앉아 먹어야 해."

"친구들을 만나면 어떻게 인사하는 게 좋을까?"

"선생님에게 어떻게 인사할지 연습해볼까?"

오리엔테이션 내용을
아이에게 전해야 한다

이밖에도 여러 사항을 아이에게 자세히 알려주자. 이때 부모의 태도와 목소리는 밝고 희망적이며 긍정적인 분위기여야 효과가 높다. 연령과 기관에 따라 조금씩 차이가 있으므로 아이의 수준에 맞게 알려주고 이야기를 나누어야 한다.

아이가 많이 알아야 덜 낯설다. 이제 겨우 3~4세 아이가 낯선 환경에서 각기 다른 상황에 부딪히면서 스스로 알아가려면 적응하기가 더 어렵다. 부모끼리만 의논하고 부모만 알지 말고, 아이에게 알려줘야 한다. 그리고 아이가 하나하나 준비할 수 있도록 도와줘야 한다.

입학 전에 꼭 준비해둬야 할
마음가짐, 몸가짐

규칙적인 수면과 기상 습관

엄마와 아빠도 아이에게 맞춰야 한다. 특히 3월은 부모도 10시 이전에 자도록 하자. 아이가 아침에 늦게 일어난다면 등원을 거부하는 것은 물론 기관에 적응하지 못할 확률이 높다. 게다가 늦잠 자는 습관이 있으면 아이에게 어린이집이나 유치원이 '가기 싫은 곳'이 될 수 있다. 부모의 여건이나 상황이 여의치 않더라도 노력해야 한다. 그렇지 않으면 아침마다 전쟁터처럼 되고 아이는 등원에 더 부정적으로 되는 악순환이 거듭된다.

아이와 언어 표현 연습하기

언어 표현 연습은 아주 구체적으로 하자. '또래'라는 것은 고만고만하다는 의미다. 수준이 비슷한 아이들이 모였으니 다투고 경쟁한다. 부모가 우리 아이에게 "양보해" "사이좋게 놀아"라고 가르쳤다면 잘한 일이다. 하지만 이런 말은 수준이 너무 높은 부모의 말이다. 아이에게는 더 구체적이어야 한다. 아이 연령에 맞게 다음의 말을 연습하자.

"친구가 장난감을 가지고 놀고 있는데 우리 ○○도 갖고 놀고 싶을 때는 어떻게 말하면 좋을까?"

"친구가 네 것을 허락 없이 가져가면 어떡할까?"

"친구가 네 물건을 뺏으면 그때는 어떡하면 좋을까?"

"친구야, 나도 같이 놀고 싶은데 같이 놀래?"

"친구야, 나랑 놀고 싶어? 같이 가지고 놀래?"

"○○야(친구 이름을 부르도록 알려주며), 이건 내 거야. 빼앗지 말고 우리 같이 놀자."

아이가 이런 표현을 알아서 하기는 쉽지 않다. 그래서 부모와 아이가 역할극처럼 자주 연습해야 한다. 어른들은 쑥스러워서 잘 못하는 표현을 아이들은 더 잘한다. 단지 몰라서 못할 뿐이다.

가르치고 연습하고 반복해서 아이가 말로 잘 표현하게 하자. 그렇지 않으면 폭력적인 행동(뺏고, 집어던지고, 밀고, 때리는)으로 표현할 수 있다. 유치원이나 어린이집에 가면 리더 역할을 하는 아이가 보인다. 바로 말을 잘 표현하는 아이들이다.

친구에게 나쁜 행동, 나쁜 말을 배우면 어떡하지?

아이가 어린이집에 가면 혹시 또래에게 나쁜 것을 배우지 않을까 걱정된다. 결론부터 말하면 배울 수밖에 없다. 아이들은 모방의 천재들답게 좋은 것도 모방하고 나쁜 것도 모방하며 배운다. 아이가 욕이나 '이상한 말'을 쓰면 강화하지 말자.

"너, 어디서 그런 나쁜 말 배웠어?"라는 부모의 반응은 나쁜 말을 강화할 뿐이다. 그럼 어떻게 할까? 앞서 말했듯이 '지나가기, 무시하기' 기법을 쓰자. 안 들은 척하는 것이다. 아이가 만약 "그 ×× 나빠" 했다면, 아이가 사용한 단어를 군이 반복해 사용하지 말고 자연스럽게 "친구가 왜 나빠?"라고 말한다.

덧붙인다면, 아이가 이상한 말을 모두 유치원이나 어린이집에서 배우는 것은 아니다. 마침 그 무렵 텔레비전에서, 마트에서 또는 동네 아이들과 놀면서 배웠을 수도 있다.

상처 입고 오면 어떡하지? 전염성 질환은?

'혹시 상처 입고 오지 않을까?' '다쳐서 오면 어떡하지?' 아이가 단체 생활을 하면 부모는 내 아이가 다른 아이에게 불이익을 당할까봐 걱정한다.

걱정되는 부분이 있다면 우리 아이부터 챙겨주자. 만약 손톱 상처가 걱정된다면 아이 손톱을 짧게 잘라주고 거칠지 않게 둥글려주자. 다른 아이에게 상처를 내지 않도록 일주일에 2번 정도 손톱을 살펴야 한다. 머리 감기나 샤워도 신경 써야 한다. 아이들이 함께 한다는 것은 좋은 면이든 그렇지 않은 면이든 서로에게 영향을 미친다.

"감기에 걸려오면 어떡하지?" "수두에 걸리면?" 전염성 질환도 걱정이다. 아이가 어릴수록 전염은 빨리 된다. 그럼 어떻게 할까? 우리 아이가 질환이 있을 때는 기관에 보내지 않아야 한다. 모든 아이가 내 아이라는 마음이면 우리 아이들이 안전하고, 부모 걱정도 줄어든다.

활동하기 편한 옷과 신발 준비하기

"아이 생일 때 할머니가 선물한 원피스를 입고 갔는데 그날 물감놀이를 했나봐요." 이런 상황이 생겼다면 아이가 칭찬 들었을 리 없다. 기관에 다닐 때 아이에게 좋은 옷은 미끄럼 탈 때 편한 옷, 미술 활동할 때나 율동할 때 편한 옷이다. 아이가 놀이하기에 편한 옷이 좋은 것이다.

신발은 신고 벗기 편한 '찍찍이' 운동화가 좋다. 다른 친구들이 신발을 거뜬히 신고 놀이터에 갈 때 우리 아이가 긴 부츠를 신느라 끙끙댄다면 아이는 그 상황이 불안해져 울기도 한다. "선생님이 도와주면 되지 않을까요?" 하지만 내 아이도 다른 아이처럼 스스로 하고 싶어 한다.

선생님에게 도움 청하는 방법 연습하기

영유아기는 도움이 필요한 시기다. 우리 아이가 무엇이든 스스로 잘하는 7세라고 해도 도움은 여전히 필요하다. 하물며 3~4세 때 처음 기관에 다니면 도움을 요청할 일이 많다. "네가 못하면 선생님한테 이야기해"라고 말하는 것보다 더 구체적으로 아이와 연습하자.

"선생님, ○○ 도와주세요."

옷 정리하기, 신발 찾기, 물 엎질렀을 때 닦기, 친구와 갈등이 있을 때 조정하기 등 ○○에 해당하는 것은 많다. 이 부분을 부모와 아이가 '선생님-아이'가 되어 역할놀이처럼 연습해보면 도움이 된다. 특히 친구와 갈등이나 다툼이 있을 때 선생님에게 도움을 요청하는 방법을 알려주자. 아이에게 가르쳐줄 때는 "선생님께 가까이 가서 말씀드리렴"이라고 알려줘야 한다.

"(멀리서) 선생님, 쟤가요."

"(선생님에게 가까이 다가가서) 선생님, 친구랑 놀다가요."

이 둘의 차이는 생각보다 아주 크다.

이제 어느 정도 준비가 된 것 같다. 그래도 우리 아이가 집에서는 야무져도 막상 단체 생활을 시작하면 부모로서는 놀랄 일이 많다. 아이가 어린이집에 다니면서 이상해진 것 같다는 상담이 있을 정도로 퇴행 행동을 하기도 한다. 돌발 상황과 변수도 많지만 그렇다고 미리 걱정할 일은 아니다. 그때마다 아이, 부모, 선생님이 한마음이 되어 해결하면 된다. 우리는 부모로서 최선을 다할 뿐 모든 것을 미리 한꺼번에 해결할 수 있는 것은 아니다.

어린이집이나 유치원에 입학하기 전 아이와 함께할 것들

- 어느 기관에 가는지 이야기하기
- 그곳은 어떤 곳인지 알려주기
- 어떤 프로그램이 있는지 정보주기(놀이, 점심식사, 미술, 동화 듣기, 동요 등)
- 왜 가는지 이야기 나누기
- 낯선 용어 알려주기(어린이집, 유치원, 교실, 선생님, 바깥 놀이, 사물함 등)
- 아이가 사용할 물건들(가방, 도시락, 이름표)의 쓰임을 구체적으로 알려주기
- (달력을 보며) 언제부터 가는지 알려주기
- 친구들과 어떻게 지내는지 이야기 나누기
- 부모가 기대하는 점 이야기하기
- 오리엔테이션 등 아이와 함께 기관에 다녀오기

• • •

규칙, 일방적으로 정하지 말고
아이와 함께 만들자

아이에게 성취감을 느끼게 하는 '규칙 정하기'로 아이의 자신감과 자존감을 높일 수 있다.
자신감과 자존감이 높아지면 자기조절력과 책임감도 자연히 길러질 것이다.

엄마가 아이들에게 말한다.

"우리 공원 나들이 갈까?"

그러자 아들이 얼굴이 환해지며 말한다.

"와! 신난다! 공놀이도 하는 거죠?"

"그래. 공놀이도 하고 맛있는 점심도 먹자."

그때 딸아이가 끼어든다.

"엄마, 나 아이스크림도 사줘."

그러자 옆에 있던 아들이 덩달아 소리친다.

"엄마, 나도!"

엄마는 문득 지난번 나들이의 악몽이 떠오른다.

"너희 벌써부터 그러면 오늘 나들이 취소야!"

지난번 외출은 그야말로 전쟁이었다. 평소에는 얌전하던 아이들이 더위 속에서 칭얼거리며 풍선 사달라, 아이스크림 사달라 떼를 써댔던 것이다. 결국 중간에 서둘러 집으로 돌아오고 말았다.

혼낼 일을 줄여주는 '규칙 정하기'

변신로봇도 아닌데 환경이나 상황이 달라지면 변하는 아이들이 있다. 호기심이 많은 아이들일수록 더욱 그렇다. 바뀐 환경이 아이들의 호기심을 자극하고, 활동 반경이 넓어질수록 통제하기 어려워진다. 아이이기 때문에 나타나는 자연스러운 현상이다.

밖에서는 엄마 목소리가 커도 아이들에게 들리지 않는다. 밖에만 나오면 아이들이 말을 안 듣는 이유다. 혼낼 일을 줄이면 아이도 엄마도 행복할 텐데 말이다. 서로 얼굴 붉히지 않고 나들이의 본래 목적을 달성할 수는 없을까?

나들이 가기 전, 마트 가기 전, 외식 가기 전, 친구나 친척 집 방문하기 전에 규칙을 정하자. 그리고 이왕이면 제대로 해보자. 엄마 혼자서 몇 가지 약속을 제시하고 "약속한 거다. 알았지?" 하는 실효성 없는 일방적인 규칙 정하기를 말하는 것이 아니다.

드라마틱한 효과가 있는
아이가 만든 '규칙문'

부모가 일방적으로 만든 규칙은 잔소리와 별반 다를 것이 없어 아이들의 흥미를 이끌어내지 못한다. 규칙은 반드시 아이와 함께 만들어야 아이 스스로 책임감을 느낀다. 다음 대화를 살펴보자.

"오늘 나들이 가기로 했지? 어디로 갈까?"

"공원이요!"

"그래. 공원에 가는 거지? 정말 신나지만 엄마가 걱정되는 것이 있어."

아이들이 지난번 외출에서 있었던 일을 회상할 수 있게 설명해준 후 다음과 같이 물어본다.

"그래서 엄마는 걱정되는데, 어떻게 해야 할까?"

"엄마, 우리가 말 잘 들을게요."

"어떻게?"

"뭐 사달라고 조르지 않을게요."

실제로 이렇게 대화해보니 아이들이 놀라울 정도로 다양한 아이디어를 내는 것을 경험했다고 한다. 하지만 말로만 한 약속은 쉽게 잊어버릴 수 있다. 그래서 이때 필요한 것이 '문서화'다. 이때는 화이트보드가 아닌 종이에 적는다. 외출할 때 가지고 나가야 하기 때문이다.

아이가 한글을 쓰기 어려운 나이라면 그림을 그리거나 엄마가 도와줘도 좋다. 아이가 알아볼 수 있도록, 기억을 떠올릴 수 있도록 해주면 된다. 단, 아이와 함께하는 것이 중요하다.

여기서 끝난 것이 아니다. 아이와 함께 만든 규칙을 낭독해봐야 한다. 글로 적고, 큰소리로 읽으며 뇌의 기억중추가 느끼도록 외부에서 소리를 들려주는 것이 효과적이기 때문이다.

규칙을 어기려 하면
'문서'를 보여줘라

이렇게 했는데도 아이들이 문제행동을 계속한다면 엄마는 큰소리로 하지 말라고 소리칠 필요가 없다. 조용히 아이에게 다가가 규칙을 적은 종이를 보여주며 읽어보게 한다.

"할아버지 물건을 허락 없이 만지면 안 된다고 쓰여 있구나. 어떻게 해야 할까?"

아이 스스로 만든 규칙문 마지막에는 이렇게 적혀 있다.

"위의 규칙을 지키지 않았을 때에는 ○○○를 한다."

이 경우 얻을 수 있는 효과는 엄마가 일방적으로 결정해야 하는 상황을 막을 수 있다는 것이다. 아이는 스스로 정한 규칙에 따라 움직이는 것일 뿐이다. 따라서 상황이 엄마의 강압으로 마무리

되는 일도 방지할 수 있다.

아이는 규칙문에 적힌 대로 실천하며 말과 행동의 일치를 경험하게 되고, 결정한 일을 책임지는 법도 알게 된다. 이는 결국 아이들이 스스로 한 생각을 존중하는 법을 가르치는 것이 된다.

이제 아주 중요한 것이 남았다. 아이들과 집으로 돌아오면서 또는 집에 온 뒤 규칙문에 대한 평가를 해보는 것이다. 이 평가에서는 무엇보다 먼저 아이가 규칙을 지킨 부분을 한껏 격려해줘야 한다. 조금 부족했던 부분은 언급하지 말고 아이 스스로 평가할 여지를 줘야 한다.

규칙문을 만들었으면 규칙문 따로, 실천 따로가 아니라 '규칙문=실행'으로 인식되게 해야 한다. 그래야 효과가 있다. 또한 아이들의 습관 형성에도 응용하면 좋을 것이다.

아이를 규제하는 규칙이 아니라 아이에게 성취감을 느끼게 하는 계기가 되는 '규칙 정하기'로 아이의 자신감과 자존감을 높일 수 있다. 그러면 자기조절력과 책임감도 자연히 길러질 것이다.

아이와 함께하는 단계별 규칙 정하기 노하우

- 부모가 일방적으로 규칙을 정하지 말자.
- 규칙은 아이와 협의해서 3~5가지로 한다. 너무 많으면 오히려 지키기 어렵다.
- 규칙은 말로만 정할 것이 아니라 꼭 '문서화'하자.
- 규칙문을 만들고 아이와 큰 소리로 함께 읽어보자.
- 외출할 때 규칙문은 반드시 가지고 나간다.
- 실천이 되는지 꼼꼼하게 살핀다.
- 귀가해서 규칙문대로 했는지 평가하고 칭찬과 격려를 한다.
- 규칙문을 만들었으면 실천해서 '규칙문=실행'으로 인식되게 한다.

• • •

아들과 성(性)에 대해
솔직하게 이야기하자

아이가 어렸을 때부터 부부가 손을 잡는 모습, 안아주고 토닥이며 다정히 앉아 차를 마시는 모습,
마주 보며 미소 짓는 모습 등 엄마와 아빠의 건강하고 밝은 성을 보여주는 것이 중요하다.

아들의 방을 청소하다 보게 된 '성'에 관련된 징후에 숨이 턱 막힌다. 며칠을 고민하고 또 고민하지만 차마 아들 얼굴을 볼 수도 없고 말할 수도 없다. 이럴 때는 어떻게 해야 할까?

아들 비위 맞추느라 애쓰고 사춘기라 그런가보다 하고 이해하려 노력했는데! 방 청소는 자기가 하겠다고 해서 기특하다 했더니 이걸 어째?

정신을 수습하고 보니 '처리' 문제가 난감하다. 어떻게 할까? 그냥 모른 척할까? 하지만 개운치 않다. 나에게 이런 숙제가 주어지다니! 내 속으로 낳은 자식이지만 자식의 어디까지를 안다고 할 수

있을까? 누구에게도 말할 수 없는 고민, 그때 떠오르는 사람, 바로 남편이다.

하지만 어떻게 말을 꺼내야 할지 민망하기도 하다. 시간이 어떻게 지났는지 모르겠다. 사건을 이야기하려 남편과 앉으니 와락 울고 싶다. 더 머뭇거리면 아무 말도 못하게 될 것 같아 단숨에 이야기한다. 그런데 이야기를 다 듣고 난 남편의 쿨한 반응. 그 반응에 안도의 눈물이 난다. 고맙기도 하다.

"난 또 뭐라고. 그거 때문에 그랬어? 그러면서 커. 나도 그랬어."

"나도 그랬어" 그 마음이 중요하다

동병상련은 좋은 것이다. 나만 아픈 게 아니구나 싶으니 말이다. 내 아픔을 진정으로 알아주는, 또 다른 아픔을 겪은 사람의 진심어린 마음이 담긴 위로를 받는 것이다. 몽정 후 당황해 속옷을 말아 누가 볼세라 부랴부랴 조심조심 빨래하는 아들 이야기는 결코 영화나 다른 엄마 아들의 이야기만이 아니다. 우리가 아들을 지나치게 어리게 보는 면이 있는 것이 아닌지 돌아봐야 한다(물론 다른 면에서는 아이가 맞다).

아이들이 초등 고학년만 되어도 성性에 관심을 갖게 된다는 사실을 받아들여야 한다. 이때 아빠의 역할이 빛을 발한다. 아빠의

"그렇게 크는 거야"라는 심상한 말이 '절대적 가치를 지닌 말'이 되는 순간이다.

아들의 성을 본의 아니게 훔쳐보고 당혹감으로 힘들어하는 엄마에게 아빠는 구원의 해결사다. 하지만 아빠는 이에 앞서 엄마를 존중해주는 모습을 보여야 한다. 이 시기 아들은 반항심으로 엄마를 사랑함과 동시에 무시할 수도 있는데 아빠가 엄마를 대하는 모습이 아들의 태도를 좌우하기 때문이다.

아빠의 이해를 받은 아들은 '나는 정상이구나' 하고, 아빠의 의견을 들은 엄마는 '아들이 이상한 게 아니구나' 하고 안심하게 된다. 엄마에게는 내게만 일어나는 무서운 일이라고 느껴지는 사건이 아빠에게 가는 순간 단순해진다.

이왕 알게 된 시점에서 아빠는 아들에게 자연스레 성교육을 할 수도 있다. 엄마 또한 아빠의 존재감을 확실히 해줘야 한다. 아들 앞에서 칭찬 등의 방법으로 아빠를 치켜세우는 것은 도랑 치고 가재 잡는 일이다.

아빠를 치켜세우는 데 아들의 동의를 끌어내도 좋다. "아들, 아빠 진짜 멋있지?" 아들 앞에서 남편을 존중한 엄마는 아들이 성장하는 과정에서 만나는 고비를 비교적 수월하게 넘긴다. 엄마한테 존중받는 아빠가 아이의 눈에 시시해 보일 리 없고, 아들에게 아빠는 분명 큰 인물로 비춰질 것이다.

반대의 경우라면 아들 눈에 아빠는 비굴하고 초라하게 비춰질 수 있다. 그러니 존경받지 못하는 아빠는 아들에게 윽박지름과 호통으로 일관하고, 아들과 아빠의 관계는 서로 더 삐딱해지는 악순환을 겪는다.

행복한 부부의 성이 아들에게는 건전한 성교육

아이들은 자극적인 요소가 많은 매체에 빠져들기 쉽다. 컴퓨터 게임이나 강렬한 영상 매체에 열광한다. 여기에 아들이 성을 어둠과 비밀의 산물로 인식하기 시작하면 문제는 더욱 커진다.

그러기에 어렸을 때부터 엄마와 아빠의 건강하고 밝은 성을 보여주는 것이 중요하다. 부부가 손을 잡는 모습, 안아주고 토닥이며 다정히 앉아 차를 마시는 모습, 마주 보며 미소 짓는 모습 등을 자연스럽게 보여줘야 한다.

성은 키스 등의 신체 접촉만 의미하는 것이 아니라 아름다운 사랑의 표현임을 보여줘야 한다. 성장 과정에서 겪는 자연스러운 일이지만 아들 스스로 해결하기 어렵다면 아빠가 도와주면 된다. 직접 겪은 것을 이야기해줘도 좋고, 하지 말아야 할 행동들을 일러줘도 좋다.

이때 콘돔 사용법 등을 아빠가 말해주는 것도 중요하다. 싱글맘이라면 주변의 어른 남자를 멘토로 만들어주면 된다. 아무래도

'성'과 관련된 것은 엄마보다 동성이 일러주는 것이 효과적이기 때문이다.

아들이 성에 눈뜬다는 것은 건강한 남성으로 성장하고 있다는 징표이니 감사할 일이기도 하다. 왕성한 호기심은 건강하게 성장하고 있다는 방증이기도 하다.

이때, 특히 아빠는 아들 성교육에서 일차적 멘토다. 아들의 변화에 놀라지 말고 아들이 점점 어른이 되어가는 과정을 효과적으로 축하해주자.

아들의 성(性) 성장을 격려하는 법

❶ 성에 대해 자연스럽게 말하고, 아빠는 아들과 함께 자주 목욕탕에 가라.

- 은밀한 것은 더 호기심을 불러일으킨다. 편하게 접근하는 것이 좋다.
- 아들과 아빠의 몸을 보며 신체 변화를 알게 해준다. 자연스럽게 성교 육이 가능해지며 학교생활은 물론 성장에 따른 고충까지 대화가 가 능해진다.

❷ 올바른 피임법을 알려주고 자위에 대해 엄포를 놓지 마라.

- 바른 피임법을 가르쳐주는 것은 매우 중요하다. 다소 민망하더라도 올바른 피임법을 구체적으로 가르쳐주려고 노력해야 한다.
- 성은 사랑을 전제로 하지만 책임이 뒤따른다는 점. 이른 나이의 성관 계가 신체에 미치는 영향을 객관적으로 알려준다. 성에 대해 감정적 으로만 반응하는 것은 좋지 않은 접근 방법이다.
- 자위는 정상적인 욕구 현상임을 인정하고, 너무 잦을 경우 신체에 이 롭지 않다는 객관적인 사실로 접근하는 것이 좋다.

• • •

❸ 상대방을 존중하는 성에 대해서도 가르쳐라.

• 상대가 원하지 않은 신체 접촉 또한 위험한 일임을 정확하고 구체적
으로 알려주어야 한다.

• 성교육은 자신과 상대방 모두를 위해 필요한 일이다. 피임 및 상대를
배려하는 법은 상대의 성에 대해 정확히 알고 있을 때 더 쉽게 습득
할 수 있다.

아이를 크게 키우는
비법은 따로 있다

~~~~~~~~~~

부모의 삶은 자녀에게 메시지가 된다. 우리 아이를 크게 키우는 비법은 결국 책임과 예의를 가르치며, 아이 삶을 대신 살아주지 않고 부모 삶을 담담하고 솔직하게 보여주는 것이다.

'최고령 현역모델' '영화 〈아이언맨〉 토니 스타크의 실제 모델, 테슬라모터스 CEO 일론 머스크Elon Musk의 엄마' 모두 메이 머스크 Maye Musk를 수식하는 말이다. 메이는 카리스마 넘치는 모습과 은 발로 모두의 주목을 받는다. 그러나 부모교육전문가인 나를 사로 잡은 건 싱글맘으로 자녀 셋을 훌륭하게 키워낸 메이 머스크의 양 육법이다.

메이는 결혼 10년 만에 파경에 이르러 그때부터 아이 셋 있는 싱글맘이자 워킹맘으로 살았다. 살아남기 위해 열심히 일했다는 메이는 "쏟아진 우유를 두고 울지 말라"라는 속담이 무색하게 아이들이 우유를 쏟으면 눈물이 났다고 고백했다. 우유를 살 돈조차 없었던 것이다.

테슬라 CEO 일론 머스크 엄마의 아이 크게 키우는 비법

그런 메이는 장남 일론 머스크를 테슬라 대주주로, 차남은 벤처 캐피털리스트로, 막내딸은 영화감독으로 키워 내로라하는 자식농사를 지었다.

메이의 양육법은 도대체 무엇이었을까? 부부가 함께 키워도 아이 한둘을 키우기도 어려운 이 시대에 싱글맘이자 워킹맘으로서 세 아이를 키워낸 대단한 비법이라도 있을까? 의외로 메이의 자녀 양육 비법은 평범하다 못해 진부하다. 바로 '인성과 예의'다.

약속을 안 지키고, 버릇없이 굴고, 식탁에 바르게 앉지 않고, 다 먹은 그릇을 싱크대에 갖다 놓지 않았을 때는 그냥 넘어가지 않고 분명히 지적하고 꾸짖었다. 공부를 안 했을 때보다 더 엄격하게 말이다.

노키즈존, 맘충이라는 듣기조차 민망한 말이 서슴없이 쓰이는 요즘, '약속, 버릇, 책임, 지적, 꾸짖음'이라는 5개 키워드는 우리 아이를 버릇 있게 잘 키우고 싶은 부모들에게 소중한 교훈을 준다. 헬리콥터맘(헬리콥터처럼 아이 주변을 맴돌면서 온갖 일에 다 참견하는 엄마)

이라면 더 그렇다. 부모는 자식에게 매달리기보다 부모의 삶을 보여줘야 한다. 부모에게는 분명 부모의 삶이 있다. 부모의 삶은 자녀에게 메시지가 된다. 부모는 아이가 해야 할 것을 대신해주지 말고, 스스로 할 수 있도록 가르쳐주고 기다려줘야 한다.

우리 아이를 크게 키우는 비법은 결국 책임과 예의를 가르치며, 아이 삶을 대신 살아주지 않고 부모 삶을 담담하고 솔직하게 보여주는 것이다.

우리 아이를 크게 키우는
비법 3가지

아이 대신해주는 일 삼가기

아이가 할 수 있는 일, 해야 할 일은 가르치고 실천하도록 한다.

"네가 사용한 그릇과 수저는 싱크대 안에 가져다놓자."

아이 공부에만 비중을 두고 정작 '아이가 해야 할 일'을 '대신해주는 부모'가 되면 안 된다. 대신해주는 부모 아래에서 무능한 아이가 키워진다.

아이가 책임질 일은 아이에게 책임지도록 하기

"저녁 5시까지는 숙제할 거예요"와 같은 말을 하고 숙제를 안

했다면 어떻게든 아이가 책임지도록 가르친다. 시간을 지키지 않은 것을 엄격하게 대한다. 그리고 새벽에 일어나 숙제를 하든, 학교에서 혼이 나든 아이가 선택하고 결과를 책임지게 한다. 이런 경험이 쌓여 아이의 가치관이 만들어진다.

예의 있게 바르게 키우기

예의에 어긋나는 행동을 할 때는 그냥 넘어가지 않고 분명히 가르친다.

"식사는 돌아다니며 하지 않고 식탁에서 하는 거야."

"상대방 말을 들을 때는 잘 들어야 해"

"실수를 했으면 사과를 하는 거야."

이렇게 해야 할 일, 예의에 맞는 일 등을 가르치고 꼭 실천하도록 한다.

돌발 상황과 변수도 많지만 그렇다고 미리 걱정할 일은 아니다.

그때마다 아이, 부모, 선생님이 한마음이 되어 해결하면 된다.

우리는 부모로서 최선을 다할 뿐 모든 것을 해결할 수 있는 것은 아니다.

하버드대학교와 구글에서는 무엇을 중요하게 보나?

경청과 공감은 자존감을 높이는 중요한 열쇠다

아이의 주도성을 키워주는 부모의 자세는 따로 있다

이야기를 잘 들어주기만 해도 아이 자존감이 높아진다

부정적 감정을 알아주면 자존감이 쑥쑥 자란다

부모 자존감이 높아야 아이 자존감도 높아진다

태몽 효과로 아이 자존감을 크게 키울 수 있다

5장

우리 아이 행복은
자존감에 달려있다

~~~

하버드대학교와 구글에서는
무엇을 중요하게 보나?

아이 행복을 위해 부모가 해야 할 중요한 과업은 아이의 자존감을 북돋워주는 것이다.
따뜻한 말 한마디. 눈길 하나만으로도 아이가 현재 가진 자존감을 끌어내리지는 않을 것이다.

다음 페이지에 있는 〈하버드대학교 면접관을 무엇을 중요하게 보는가〉의 항목을 보면 결국 아이의 자존감이 중요하다는 것을 알 수 있다. 군이 하버드대학교의 면접 항목을 말하는 이유는 명실공히 세계 최고 대학도 결국 아이의 '자존감'을 중요하게 본다는 사실이 매우 반가웠기 때문이다.

이는 아이의 자존감이 양육 목표가 되어야 한다는 확신을 주기도 한다. 요즘 시대 똑똑한 부모에게 자존감이 아이에게 얼마나 중요한지에 대한 설명은 더 필요하지 않을 것으로 보인다. 하지만 그렇게 똑똑한 부모들마저 대학입시만 놓고 보면 아이에게 가장 중요한 덕목은 '학교 성적'으로 한정되어 있는 것처럼 생각하는 듯 싶다.

우리 아이의 자존감이
중요한 이유

어떻게 자존감이 아이 인생을 바꾸는지 아이의 인생 전 영역에서 보여주고 싶었는데, 마침 자존감이 취업에까지 어떻게 작용하는지를 보여주는 또 하나의 반가운 기사를 접했다.

〈뉴욕타임스〉에 실린 '구글에 취업하려면'이라는 제목의 칼럼을 살펴보면, 구글이 중시하는 5가지 능력은 중요도에 따라 다음

～～～ 하버드대학교 면접관은 무엇을 중요하게 보는가 ～～～

• 사람 됨됨이가 바르고 인정이 있는가?

• 타인과 조화하며 조직에 융화할 수 있는가?

• 남을 배려하고 어려운 이를 도울 줄 아는가?

• 실패하거나 좌절했을 때 극복할 수 있는가?

• 지인들에게서 어떤 신뢰를 받고 있는가?

• 창의성과 리더십, 유머와 센스를 갖고 있나?

• 새로운 도전 상황에서 어떻게 대처하는가?

＊ 출처: 조우석 전 하버드대학교 케네디스쿨 입학사정위원

- 학습 능력

- 리더십과 팔로어십

- 지적 겸손

- 책임감

- 전문지식

과 같다.

이것을 보고 "학습 능력이 1순위네. 그럼 그렇지" 하는 부모를 위해 부연 설명을 덧붙이면, 여기서 말하는 학습 능력은 IQ가 아니라 '필요한 정보를 한데 모으고 새로운 것을 배우려는 능력'이다.

우리 부모들이 아이에게 정성과 물질로 헌신하는 이유 중에는 분명 내 아이가 좋은 대학 또는 좋은 직장에 다녔으면 하는 바람이 있다. 그 바람이 현실로 이루어지려면 아이의 자존감이 분명히 중요하다.

그럼 이제 눈을 좀더 가까운 곳으로 돌려보자. 국내 기업 채용에서는 무엇을 중시할까? 한국직업능력개발원에서 2016년 500대 기업 인사담당자를 대상으로 설문조사를 실시한 결과는 다음과 같다.

상위 답변들은 별다른 부연 설명 필요 없이 모두 '자존감'이라

• 도덕성과 인성(26.5%)

• 팀워크(13.6%)

• 문제 해결 능력(13.6%)

• 인내력(13.3%)

• 의사소통 능력(10.4%)

• 도전정신과 열정(10.3%)

• 직무에 대한 이해(9.1%)

• 직무 관련 기초 지식(6.2%)

는 토대 위에서 형성될 수 있는 것들이다.

이 모든 것이 다 자존감과 관련되어 있다는데 도대체 자존감이라는 건 뭘까? 자존감이 무엇인지 알게 되면 왜 지금까지 살펴본 것들이 모두 자존감이라는 기초 위에 가능하다고 하는지 명료해질 것이다.

자아존중감self-esteem이라고도 하는 자존감은 자신이 사랑받을 만한 가치가 있는 소중한 존재이고, 어떤 성과를 이루어낼 만한 유능한 사람이라고 스스로 믿는 마음이다. 자아존중감이 있는 사람은 정체성을 제대로 확립할 수 있고, 정체성이 제대로 확립된 사람은 자아존중감이 높다.

높은 자존감이
아이 인생을 바꾼다

자신을 소중한 존재라고 믿는 사람은 도덕적으로 해로운 일을 할 확률이 낮다. 자신이 소중한 사람이기 때문에 스스로 인성을 가꾸는 일에도 소홀할 수 없다.

자신이 성과를 이룰 수 있는 유능한 사람이라고 믿는 사람은 새로운 것을 배우려는 도전정신을 지니고 일에 열정적으로 임하며, 문제에 부딪히면 주저앉고 피하기보다 해결점을 찾는다.

또 세상은 고립되어 살 수 없다는 것을 깨닫고 팀워크와 리더십, 팔로어십의 중요성을 인식한다. 확립한 정체성으로 자신과 타인을 존중하므로 신뢰를 받으며, 실패와 좌절 상황에서도 '회복탄력성'을 발휘해 새롭게 도전하고 대처한다.

자존감이 얼마나 중요한지 더 방증이 필요할까? 물론 꼭 기사가 보여주지 않았더라도 우리 부모는 충분히 아이 자존감의 중요성을 안다. 가끔 자신감, 자존심과 혼용할지라도 그 중요성만큼은 분명히 알고 있다. 그래서 아이 자존감을 키우기 위해, 심지어 자존감을 꺾을까봐 '안 돼'라는 말도 못하고 애써 참으며 노력해왔을 것이다.

아이에게 정성과 물질로 헌신하는 이유가 좋은 대학, 좋은 직장에 다니길 바라기 때문만은 아닐 것이다. 궁극의 목표는 다행스럽게도 아이의 행복한 삶이다. 그리고 아이 행복의 중심에 '자존감'이 오롯이 놓여 있기 때문에 자존감이 그토록 중요하다고 여기는 것이다.

아이 행복을 위해 부모가 해야 할 중요한 과업은 아이가 이미 가지고 있는 자존감을 북돋워주는 것이다. 부모의 따뜻한 말 한마디, 눈길 하나만으로도 최소한 아이가 현재 가진 자존감을 끌어내리지는 않는다. 부모의 무심한 말실수, "말귀도 못 알아듣니?" "너랑 말해봤자!" 등만 줄여도 아이 자존감은 잘 클 수 있다.

부모의 자존감도 회복해야 한다. 부모 유능감은 육아 유능감으로 이어져 아이와 긍정적 관계를 형성하기 때문이다. 아이의 자존감은 부모 자존감의 영향을 받는다. 자존감이 아이 인생을 바꾼다. 자존감이 아이 인생을 행복하게 한다. 더불어 육아도 행복해진다.

경청과 공감은 자존감을 높이는
중요한 열쇠다

〜〜〜〜〜

'내가 말하면 잘 들어주네!' 하며 자기 말에 자부심을 갖게 된 아이의 내면에서는 자존감이
자라난다. '말해봤자 소용없어'라는 생각이 든다면 아이 자존감은 내려갈 수밖에 없다.

장면 1

"엄마. 엄마. 내 말 듣고 있어요?"

"응."

"날 봐야지."

"다 듣고 있어. 귀로 듣잖아."

"그래도 안 보니까 안 듣는 것 같잖아."

"다 들린다니까. 엄마는 멀티플레이어잖아."

"나 말 안 해."

아이가 툴툴거리며 방으로 들어간다.

장면 2

"엄마, 있잖아요."

"응?"

"책을 읽고 있는데 '보람'이라는 말이 나와서 궁금해서 사전을

찾아봤어요."

"사전을 찾아봤어?"

설거지하던 손을 멈추고 고무장갑을 벗는 엄마.

"보람이라는 말이 어떻게 나와 있는데?"

엄마는 아이와 식탁에 마주 앉는다.

"잠깐만요."

아이는 신나서 방으로 단어장을 가지러 간다.

아이들은
엄마와의 대화를 즐긴다

두 아이가 저마다 자기 방으로 갔지만 한 아이는 엄마와 대화
를 끝내기 위해서였고, 한 아이는 이야기를 더 진행하기 위해서였
다. 엄마가 자기 이야기를 들으려고 자리에 앉자 신이 난 아이는
이야기를 더 구체적으로 진행하려고 공책까지 가지러 방으로 간
것이다.

아이는 엄마에게 할 이야기도 많고 궁금한 것도 많으며, 엄마와

대화를 '사랑하는 엄마와 할 수 있는 행복한 일' 중 하나로 느낀다.

유아기와 초등학교 저학년 시기는 아이가 이런 특징을 보이는 절정기다. 이후 초등학교 고학년, 사춘기에 접어들면 아이 입을 열게 해주는 특별한 재주를 가진 사람이 아니고는 10세 이전까지 엄마 뒤를 졸졸 따라다니던 아이 흔적을 찾기가 어렵다.

경청과
공감의 힘

잘 들어주는 게 아이 자존감을 키워주는 일이다. '너의 말은 소중해'라는 느낌을 주는 엄마의 경청은 아이의 가치감을 높여준다. 엄마가 의도하지 않았더라도 아이가 말할 때, 말하고 싶을 때 안 들어주고 무심한 건 아이 자존감을 손상시키는 일이다.

'나의 말은 소중해' '내가 말하면 잘 들어주네!'라고 생각하며 자신의 말에 자부심을 갖게 된 아이의 내면에서는 자존감이 자라난다. '말해봤자 소용없어'라는 생각이 들면 아이는 말을 아끼고 안 하고 결국 못하게 된다.

말은 생각이고 생각은 말로 표현된다는 인지와 언어의 상관관계로 볼 때, 말만 잘 들어줘도 충분히 자존감 높은 아이로 만들 수 있다. 말을 경청한다는 건 '너를 존중해'라는 의미로 전해지기 마련이다. 이는 자기 가치감 상승으로 이어진다.

내 아이에게 존중받는 느낌을 받게 하는 것, 그것이 바로 경청과 공감의 힘이다. 탬버린을 쳐주는 것은 노래에 맞춰 추임새를 넣어주는 것(경청과 공감)이다. 같이 흥에 겨울 때 노래하는 맛이 나듯, 아이가 말할 때 '말할 맛'이 나야 '말 잘하는 아이'가 된다.

아이의 스피치 능력을 높이려면 '경청자'가 필수다. 아이 말을 세상에서 가장 잘 들어줄 수 있는 사람은 바로 부모다. 경청과 공감을 부모에게서 먼저 경험해야 한다. 그러면 자기 자신에 대해 자부심을 가지고 자신의 말에 자신감도 가져 남에게도 말을 잘하게 된다.

말을 잘하는 것은 무엇일까? 생각하며 말하는 아이, 자신감을 가지고 대상과 상황에 알맞은 말을 하는 아이, 상대의 공감을 이끌어낼 말을 하는 아이일 것이다. 경청과 공감을 받은 아이에게 가능한 일이다.

자존감이 높은 아이가 말도 잘한다. 자기 말에 대한 자신감과 유능감을 갖기 때문이다. '내 말을 들어주는 사람이 있어' '사람들은 내 말에 공감하고 경청해' '나는 말을 잘하는구나!'라고 자신감을 갖는 아이가 말도 잘하게 되는 것은 당연하다.

잘 들어주자. 잘 공감해주자. 우리 아이라는 명창이 완창할 수 있도록 도와주자. 우리 아이가 사람의 마음을 이해하고 공감하며 협력을 이끌어낼 수 있는, 훌륭한 소통가가 되도록 부모가 도와주는 것은 어떨까?

공감과 경청으로 반응하자. 속마음으로만 공감하고 그칠 일이 아니다. 공감과 경청에도 적극적인 표현이 필요하다. 어떻게 적극적으로 표현할 수 있을까? 판소리를 응용해보자.

판소리를 응용한 경청과 공감의 7단계

- 1단계: 고수가 북을 들고 나와 자리를 잡고 앉듯 부모도 자리를 잡고 앉는다.
- 2단계: 마치 명창을 보듯 아이에게 집중한다. 고수는 항상 명창을 향해 집중한다.
- 3단계: "얼쑤!" "툭!" 고수가 북을 치듯, 추임새를 넣듯 들을 준비가 되었다는 신호를 한다. 고개를 끄덕여도 좋고, 얼굴 표정으로 집중을 표현해도 좋다.
- 4단계: 시종일관 명창에게서 시선을 떼지 않는다. 아이가 말하고 있는데 가스불을 끄러 간다든가 휴대전화를 만진다든가 하면 아이는 엄마가 자기 말을 듣지 않는다는 생각이 들며 대화의 맥이 끊긴다.
- 5단계: 명창의 너름새에는 고갯짓과 표정, 손동작 등으로 화답한다.
- 6단계: 명창의 창과 그 사이에 적절한 추임새를 아끼지 마라. 아

이의 말 중간중간 적절한 타이밍에 피드백을 해야 한다.

- 7단계: 명창을 완창하게 하라. 아이가 자기 이야기를 끝까지 다 해서 스스로 만족해하고 '엄마랑 이야기하니까 참 좋아' 라는 느낌이 들면 이런 경험이 모여 이후 청소년기에도 부모 자녀의 행복한 소통이 가능해진다.

판소리의 '추임새'와 '너름새'를 응용하면 좋다.

- 추임새: 판소리 중간 '어이' '얼쑤' '얼씨구' 등의 감탄사로 명창 (창자)과 청중 사이에 이루어지는 상호작용과 교감을 이 끌어내는 데 중요한 역할을 한다. '추어주다' '끌어올리 다'의 의미를 가지며 완창으로 이끄는 역할을 한다.
- 너름새: 창을 할 때 창자가 춤이나 몸짓, 동작을 하는 것. 부모는 아이의 몸짓과 손짓, 표정 등에도 화답한다.

아이의 주도성을 키워주는
부모의 자세는 따로 있다

〜〜〜〜〜〜

2~3세가 되면 스스로 하려는 자율성과 주도성의 시기가 도래한다. 자고 일어나는 습관에서부터 편식 습관, 목욕, 양치, 세수 등 실제 생활에서 주도성 키우기에 대한 궁금증을 모아 공유한다.

오늘도 "내가 할 거야"를 외치면서 정작 "알았어. 그럼 네가 해봐" 했더니 제대로 못하고 장난만 치는 것 같은 아이 때문에 버럭 화를 낸다. 유치원 버스 시간은 다 됐는데 "내가 신을 거야" 하면서 현관에서 시간 끄는 아이, 내가 세수한다고 하면서 소매는 푹 적시고, 내가 할 거야 하며 양치질을 하는데 칫솔만 입에 물고 있다.

2~3세가 되면 스스로 하려는 자율성과 주도성의 시기가 도래한다. 이 시기에 어떻게 하면 자존감도 높이고 주도성도 키워줄 수 있을까?

자고 일어나는 습관에서부터 편식 습관, 목욕, 양치, 세수 등 실제 생활에서 주도성 키우기에 대한 궁금증을 모았다.

'세 살 습관 평생 간다'이니 이 시기에 아이 스스로 하게 하면서 또 '제대로' 하게 하는 것은 정말 중요하다. 하지만 이때 아이에게 만 맡겨서는 안 된다. 주도성이라고 해서 아이 혼자 훌륭히 해내 는 것을 기대하면 실망하다 못해 "내 이럴 줄 알았어. 뭘 혼자 해, 혼자 하긴. 엄마(아빠)가 해준댔잖아" 하며 좋은 취지가 물거품이 되고 버럭할 수밖에 없다. 아이 스스로 잘해낼 수 있도록 부모가 할 수 있는 역할에는 무엇이 있을까?

우리 아이 자존감 높이며 주도성을 키우려면?

이 시기에는 "내가 할게" "내가~"라는 말을 많이 한다. 말 그대 로 자기주도적으로 행동하며 '자율성과 주도성'을 키우는 시기다. 하지만 엄마 아빠로서는 아이가 혼자 하도록 두자니 제대로 하는 게 없어 답답하기만 하다. 더디고, 흘리고, 서투르니까 말이다.

하지만 이 반가우면서도 반갑지 않은 "내가 할 거야"라는 말을 할 때는 분명히 아이 발달에서 중요한 단계다. 주도성은 '서툰 시 도'를 인정하고 격려할 때 자라고 "가만있어. 엄마(아빠)가 해줄게" 하며 개입하기 시작하면 의지를 꺾게 된다.

시도를 격려하며 능숙한 주도자로 발달하도록 부모가 도와야 한다. 여기서 핵심은 '부모와 아이가 함께해본다'로 접근하는 것이다. 이 시기에 주도성은 "너 혼자 해봐"가 아니라 "엄마와 아빠랑 함께해볼까?"가 효율적이다.

생활습관은 길들이는 것이 아니다. 길들이기보다 아이 스스로 해보려는 마음을 지켜주는 것이 더 중요하다. 강압적인 규칙으로 습관을 들이기보다 아이 스스로 "내가 했어"라는 마음이 들도록 하는 것이 이 시기의 주도성을 발달시키는 방법이다.

중요한 것은 "내가 해보니까 참 좋아" "또 하고 싶다"여야 한다. 그런데 아이에게 "네가 해봐" "너 혼자 할 수 있지?"라며 전적으로 맡기는 것은 오히려 주도성 발달을 지연시킬 수 있다. 아이 마음으로는 할 수 있을 것 같은데 마음대로 안 되는 것이 너무 많은 시기이기 때문이다. 자칫 '난 못해'로 이어질 수 있으니 부모가 적절히 개입하며 아이가 해내도록 하자.

주도성을 키우는
생활습관을 갖추기 위한 활동 3가지

규칙적인 잠자기

제시간에 자야 한다. 이 시기에는 어린이집 등원 등을 위해 규칙적인 잠자리 습관이 중요하다. 규칙적인 잠자리 습관을 위한

2가지 방법을 소개한다.

첫째, 텔레비전을 끄고 거실이나 집 안의 조명을 낮춰 잠자리 분위기를 만들어주자. 거실에 텔레비전을 켜놓고 아이에게 "얼른 자야지" 한다면 실효성이 없다. 엄마 아빠가 먼저 잠들기 좋은 환경을 조성해주자.

둘째, 잠자리 세리머니로 베드타임 독서 한 권 또는 베드타임 스토리텔링이 매우 효과적이다. "이제 잘 시간이야. 잠옷 갈아입고 네가 보고 싶은 책 골라볼까?"

일찍 일어나기

좋아하는 음악이나 동화를 들려줘 스스로 일어나는 데 도움을 주면 좋다.

첫째, 기상 알람소리를 아이가 골라보게 하자. 스스로 고른 알람소리를 들으며 일어나는 것도 아이에게는 일종의 이벤트다.

둘째, 일어나면 "사랑하는 우리 ○○ 잘 잤어? 엄마가 쭉쭉이 해줄게" 하며 스트레칭과 스킨십, 몸 마사지 등으로 잠에서 깨어 났을 때 기분 좋은 경험을 하게 하자. 아이가 아침 시간을 전보다 두 배는 좋아하게 될 것이다.

셋째, 아이를 비행기 태우듯 안고(욕실까지 가기 힘든 아이의 경우) "비행기 타고 세수하러 가자. 슝" 등으로 욕실까지 함께 가면 말씨름이 줄어든다.

양치하기

아직 양치를 하는 것은 아이 혼자서는 잘 안 된다. 아이에게 주도적 역할을 주되 부모가 함께 즐거운 경험을 만들어주자.

첫째, 부모와 아이의 칫솔에 치약을 짜며 힘 조절, 치약 양 조절을 즐겁게 경험하게 하는 것도 좋다.

둘째, 이 닦을 때 부모도 함께 이를 닦으며 즐거운 느낌을 느끼게 해보자. 하지만 아이가 스스로 올바른 양치를 하는 것은 어려우므로 중간중간 아이 손을 잡고 칫솔질을 함께해주는 것이 좋다.

셋째, 이를 닦은 후에는 함께 느낌 표현(상쾌한 느낌을 표현하기 위해 함께 하~ 해보기)을 해보자. "아, 양치를 하니까 정말 상쾌하다. 우리 ○○는 느낌이 어때?"

우리 아이 옷 입기와
정리 노하우 2가지

아이는 스스로 옷을 입어보려고 하지만 서툴러서 시간이 걸리고 엉뚱하게 입기도 한다. 이럴 때 어떻게 반응하고 지지해줄까? 아이의 의지를 북돋워주고 "내가 입었어"라는 성취감도 느낄 수있게 해줘야 옷 입기의 주도성이 발달한다. 이때도 아이에게 전적으로 맡기고 "혼자 입어라" 하며 감시자 역할을 하지 말고 아이 손을 잡고 천천히 그리고 충분히 연습시켜주자.

옷 입기

• 아이와 외출할 때: 시간을 여유 있게 가져야 아이 옷 입기 주도성을 발달시킬 수 있다. 빨리빨리 하다보면 아이도 당황하고, 결국 답답한 부모가 옷을 입혀줄 수밖에 없다.

• 평소 놀이로 연습하기: 아이 옷을 바닥에 펼쳐놓고 단추 끼우기나 지퍼 올리기 연습을 해보자. "먼저 단추를 구멍에 하나씩 끼우자"라는 언어적 표현으로 순서와 방법을 알려주는 것이 효과적이다.

옷 정리

• 옷을 개는 순서나 옷걸이에 거는 방법을 알려주자.

• 옷을 정리하는 장소를 정확히 정해주고, 아이 키에 맞는 옷걸이를 준비해주자.

• 옷을 개는 방법을 재미있게 의인화(순서화)해보자. (좌우 소매를 몸 쪽으로 개며) "안녕하세요. 나는 ○○입니다" (반으로 접으며) "안녕하세요?"

이 모든 과정에서 가장 중요한 것은 잠깐, 어디 잘하나보자 하고 조금 기다려주다가 "그것도 못해?" 하면 안 된다는 것이다. 부모는 '잘할 거야'라고 믿고 기다려주는 사람이다. 그리고 적절히 도와주는 친절을 보여야 한다.

편식하지 않고 골고루 먹게 하려면?

함께 채소를 키워보거나 요리를 만들어보면서 아이 스스로 먹고 싶은 마음이 들게 하면 좋다. 아이의 주도성을 지켜주면서도 골고루 먹는 습관을 들이려면 어떻게 반응하고 놀이하고 지지해줘야 할 것인가?

• 아이와 함께 요리하며 좋은 식습관 들이기
- 요리하기 전: 메뉴를 선택하게 해서 주도성을 키운다.
  "어떤 요리를 해볼까?"
- 요리하는 중: 요리하면서 나는 냄새와 소리 등으로 대화를 나누고 의성어와 의태어를 표현하며 흥미를 높일 수 있다
  "당근을 써니까 똑똑 소리가 나네."
  "당근을 볶을 땐 어떤 소리가 날까?"
- 요리 후: 요리하기 전과 후를 비교하고 결과를 예측하며 달라진 점을 이야기해보자.

• 열매 식물 키우기
토마토 등 아이가 잘 먹지 않는 열매 식물을 심고 가꾸면 수확한 열매에 대한 것은 물론 심고 가꾸는 과정에서도 좋은 효과를 기대할 수 있다. 다음과 같은 질문으로 호기심을 높여줄 수 있다.
"열매는 무슨 색일까? 어떤 맛일까?"

• • • •

~~~~~~~~~~~~~~~~~~~~~~~~~~~~~~~~~~~~~

· 상차리기 함께하기

　　가족의 숟가락을 함께 놓거나 음식의 색과 냄새, 모양을 관찰하며
대화를 나누어도 좋다.

　　"김치가 새콤새콤 익었네."

　　"밥이 맛있게 지어졌네."

　　"모락모락 김이 나네."

· 아이 어렸을 때 이야기해주기

　　"네가 애기 때 주스를 마시는데 얼마나 쪽쪽 예쁘게 마시던지" 하
며 음식에 대해 긍정적 경험을 이야기한다. 그런 다음 아이가 스스로
골고루 잘 먹을 수 있게 동기부여를 해주자.

· · ·

이야기를 잘 들어주기만 해도
아이 자존감이 높아진다

엄마들에게 어떨 때 가장 속상하냐고 물으면 '아이가 엄마 말 안 들을 때'가 1위다. 그런데 아이들도 엄마가 자신의 말을 잘 들어주길 바란다. 이야기를 잘 들어주는 비법을 공개한다.

고개는 끄덕

눈빛은 반짝

놀랄 때는 입도 활짝

재밌을 때는 박장대소

속상할 때는 "저런, 어떡해, 괜찮아?"

문제가 있을 때는 "어떻게 하면 될까? 도와줄 일 있니?"

- 어느 초등학생의 시 '엄마가 제 말을 들어줄 때는요'

아이 말을 잘 듣는다는 건 어떤 의미일까? 부모는 나름대로 잘 듣는다고 하는데 아이는 흡족하지 않은가 보다. 어떻게 들어야 잘 들었다는 걸 아이에게 보여줄 수 있을까? 위의 시에는 내가 말할 때 우리 엄마가 내 이야기를 잘 들어주었으면 하는 아이의 바람이 가득하다. 아이들이 원하는 건 자신들의 말에 엄마가 몸 전체로 반응해주는 것 아닐까.

"제가 말을 할 때 엄마가 다른 데 좀 안 쳐다봤으면 좋겠어요. 근데요. 엄마가 말할 때 제가 잠깐 다른 데를 쳐다보면 혼나요. 엄마 말 안 듣는다고요."

엄마가 아이에게 말할 때 아이에게 바라는 반응을 엄마 자신이 먼저 보이면 되는 것이 아이 이야기를 잘 들어주는 비법이다.

엄마가 바라는 경청과
아이가 바라는 경청은 같다

육아를 하면서 어떨 때 가장 속상하냐고 엄마들에게 물어보니 '아이가 엄마 말 안 들을 때'가 단연 1위다. 그런데 아이들에게도 물어보면 엄마가 내 이야기를 잘 들어주길 바란다고 한다. 엄마와 아이의 생각을 살펴보자.

엄마: 이름을 불렀을 때 얼른 엄마한테 와주었으면 좋겠다.

아이: 엄마를 부르면 쳐다보고 관심을 가졌으면 좋겠다.

엄마: 엄마가 말하면 딴짓하지 않고 집중하면 좋겠다.

아이: 엄마가 다른 일 안 하고 내 말만 들어줬으면 좋겠다.

엄마: 말대꾸 안 하고 받아들이는 반응을 보였으면 좋겠다.

아이: 내 마음을 알아주고 긍정적 반응을 보여줬으면 좋겠다.

엄마: 말을 안 들으면 속상하다.

아이: 말을 안 들으면 속상하다.

결국 엄마와 아이 모두 '내가 말할 때는 잘 들어주었으면' 하는 것이 공통된 바람이다. 그렇다면 엄마가 먼저 아이 말을 잘 들어주자. '대접받고 싶은 대로 대접하라'라는 말이 생각난다.

잘 들었다는 것을 온몸으로 보이는 것도 좋겠다. 온몸으로 하는 반응은 엄마의 경청하는 마음을 보여줄 수 있는 대표적인 방법이다. 입으로, 고개로, 얼굴 표정으로는 물론 손뼉까지 치면서 반응해주자.

"그걸 말이라고 해?"라고 느끼게 하는 부모 반응과 "내 말은 가치 있어"라고 느끼게 하는 부모 반응 중 어느 것이 아이의 자존감을 높여줄까?

아이를 신나게 하는
엄마의 질문법

"그랬어? 그래? 그래서 어떻게 했는데?"

여기서 '그랬어?'는 아이 말을 잘 들었다는 의미다. 아이가 한 말을 있는 그대로 받아서 활용하는 '앵무새 화법'이면 더 구체적인 질문이 된다. 아이의 말 중에 중요한 키워드를 그대로 말하면 된다. 이 화법은 아이 말을 잘 듣고 있다는 반응으로 효과가 높을 것이다.

앵무새 화법이라고 해서 영혼 없이 따라만 한다는 의미가 결코 아니다. 핵심은 아이 말 중 '키워드'를 찾아야 한다는 것이다. 그러려면 아이 말을 잘 들어야 한다.

질문은 짧게, 아이 말은 길게

엄마가 질문을 짧게 하고 궁금한 표정으로 "그래서?"라고 묻는 것도 좋다. 질문은 아이의 다음 이야기가 궁금하고 말을 잘 듣고 있다는 표현이다. 질문은 궁금할 때도 사용하지만 아이에게 말하는 게 '즐겁다' '신난다'는 느낌을 갖게 하며 자기 말을 존중받는 느낌을 갖게 하는 화법이다.

아이를 행복하게 하는
소통법

아이의 말을 잘 들어줄 수 있는 환경 만들기

아이 말을 잘 들어주려면 환경이 중요하다. 첫 번째, 텔레비전, 컴퓨터 등을 끄고 대화에 집중하자. 두 번째, 읽던 책이나 기타 볼거리에서 눈을 떼자. 세 번째, 휴대전화는 무음으로 해놓고 대화 장소와 먼 곳에 두는 게 좋다

용기, 격려, 위로가 담긴 알맞은 피드백하기

아이 이야기를 잘 들은 다음 필요한 것은 역시 용기와 격려, 위로 등이다. 언제든 너에게는 가족이 있고 엄마가 있음을 상기시켜 주는 것이 좋다.

자존심 때문에 엄마의 도움이 필요하지 않다고 해놓고 정작 도움이 필요할 때 말하지 못하는 아이들도 있다. 청소년의 경우엔 의외로 많다. 이런 경우를 대비한 엄마의 말이 있다. 엄마의 도움이 필요할 때 아이가 언제라도 말하도록 마음을 열게 하는 말이다.

"엄마의 도움이 필요하면 언제든지 말하렴."

생각해보니 효과, 말하다보니 효과

때로 엄마와 이야기를 나누는 동안 아이 스스로 셀프 피드백을

받기도 하고 자정自淨작용도 하며 아이가 자신을 돌아보는 계기도 될 수 있다. 굳이 엄마가 "잘 생각해봐"라는 이야기를 하지 않아도 결론을 잘 내린다.

이것이 '생각해보니 효과' '말하다보니 효과'다. 아이는 말하면서 '생각해보니' 자신이 무엇을 잘못했는지 깨닫게 되고, 친구가 잘못한 게 아니라 자신이 먼저 실수했다는 것도 깨닫는다. 그래도 아이에게는 엄마에게서 받는 용기와 격려, 위로가 필요하다.

초등학교에 입학한 뒤 학교에만 갔다 오면 부정적인 이야기를 하는 '징징이' 아들이었는데, 억지로라도 제대로 들어주려고 노력하는 엄마를 보더니 아이가 웃으며 "엄마, 제가 앞으로 친구들과 더 잘 지내야겠어요"라고 말했다고 한다. 아이 말을 잘 들어주는 경청 자세는 엄마의 열 마디 말보다 더 황금 같다.

부정적 감정을 알아주면
자존감이 쑥쑥 자란다

아이들은 부모의 반응에 따라 자신에 대한 느낌과 존재감을 형성하게 된다.
자기 감정이 소중하게 받아들여질 때 아이의 자존감이 자란다.

로비에서 엘리베이터를 타려는데 강아지가 엘리베이터 안에서 튀어 나온다. 그러자 아이가 엄마 손을 잡으며 "(강아지 보고) 무서워"라고 한다. 이때는 어떻게 해야 할까?

"무섭긴 뭐가 무서워. 귀엽기만 한데"라는 말로 아이의 무서움을 달래주려 하지 않는가. 아니면 "괜찮아. 안 무서워" 하며 안 무섭다는 말로 아이를 위로하려고 하지는 않는가.

아이의 무서움, 불안함, 두려움, 짜증 등 일명 부정적 감정에는 어떻게 반응하면 좋을지 생각해보자.

먼저 아이의 현재 감정을 알아준다. "(아이를 안아주며) 무서웠어?" 하면 아이가 다음 반응을 한다. "아니, 갑자기 나와서 놀랐어" "응, 무서웠어요" 그러면 "응, 갑자기 나와서 놀랐구나" "아, 무서웠구나" 하며 아이의 놀란 마음을 알아준다.

이때 엄마가 "안 무서워. 강아지가 얼마나 귀여운데. 너 강아지 좋아하잖아" 하면 아이 감정을 무시한 채 엄마 감정만 강조하는 것이 된다. 지금 필요한 건 아이 감정이다. 놀란 사람은 아이니까. 아이가 평소에는 강아지를 좋아했지만 지금은 놀랐다. 놀람, 무서움을 느낄 때는 괜찮지 않은 상황이다. 그 감정을 어떻게 처리하느냐에 따라 '괜찮은 상태'가 된다.

어린아이들은 부모님 반응에 따라 자신에 대한 느낌과 존재감을 형성하게 된다. 자기감정이 소중하게 받아들여질 때, 상대방이 따뜻하게 바라볼 때 아이 자존감이 자란다.

아이 속마음을 풀어내면
자존감도 쑥쑥 큰다

"짜증나. 선생님은 맨날 나만 보고 뭐라고 해. 나만 미워해."

이 말을 듣는 순간 엄마는 아이보다 더 큰 짜증이 밀려오며 부정적 감정에 휩싸인다. 그러다보니 마음에도 없는 말이 툭 나온다.

"네가 잘했으면 그랬겠어?"

아이 자존감의 한 모퉁이도 툭 무너진다. 세상 누가 뭐래도 우리 엄마는 내 편이어야 한다. 아이가 다 잘했다는 것은 아니다. 하지만 아이가 엄마를 보자마자 이런 속내를 보인 건 세상에 믿을 만한 사람이 엄마라서 그런 것이다. 엄마한테 혼나려고 말한 게 아니다. 비난받으려고 말한 것도 아니다.

엄마 또한 세상에서 가장 귀한 내 아이가 어디에서든 사랑받는 아이가 되기를 바란다. 그런데 선생님한테 '맨날' 혼나나 싶어 엄마도 화가 난다. 귀한 내 아이가 혼나다니 엄마에게도 부정적 감정이 생긴다. 귀한 내 아이의 부정적 감정을 알아주며 안아주거나 다독이고, 이후 선생님한테 지적받지 않을 방법을 아이와 함께 고민해야 한다. 엄마의 자존감도 아이의 자존감도 더 튼튼해지도록 분위기를 전환하는 것이 좋다.

"선생님이 너만 미워하시는 것 같아?"

"그렇잖으면 왜 똑같이 장난쳤는데 미연이한테는 아무 말도 안 하고 나한테만 뭐라고 하시겠어?"

"너한테만 뭐라고 하셨는데?"

이때 아이의 말 중에서 '핵심어'만 잘 받아 에코익 반응으로 하면 좋다.

"그래서 화나서 내가 소리를 질렀어" 하면 "화나서 소리를 질렀어?" 하고 반응하는 것이다. 이것이 섣부르게 단정적으로 아이 감정을 앞서지도 않고 왜곡하지도 않는 방법이다. 이런 식으로 아이 속마음을 풀어내도록 대화를 한다.

아이 속마음을 풀어내면 속상했던 것이 풀어진다. 그러면 엄마가 결론을 내려주지 않아도 아마 아이 스스로 긍정적 대안까지 제시할 것이다.

"하지만 나도 잘못하긴 했어. 선생님이 오해하실 만해. 앞으로 조심해야겠어."

부정적 감정을 무시하지 말고 소중하게 반응하자

유치원 소풍 가는 날인데 하필이면 비가 온다. 아이는 가방을 앞에 놓고 징징거리며 운다.

"소풍 못 가. 비와. 비와."

엄마도 안타깝다. 하지만 아이가 이런 상황을 잘 받아들이고 씩씩하면 좋으련만 울고 있으니 엄마는 더 속상하다. 이때 엄마 반응에 따라 아이 자존감 형성에 도움을 주거나 그렇지 못할 수도 있다.

"울긴 왜 울어. 내일 간다잖아. 내일은 비 안 와. 얼른 유치원 가자. 차 놓치겠다."

"싫어, 싫다고."

등원 시간이니 시간과 마음의 여유가 없다. 그러다보면 엄마는 아이를 등원시키기 위해 다그치거나 무조건 위로만 하려고 할 수 있다. 자꾸 울지 말라며 아이의 부정적 감정을 무시하지 말고 소중하게 반응하자.

먼저 아이의 감정을 이해하는 대화를 나누는 것이 좋다. 아이의 말과 행동에 초점을 두어 반응하는 것이 포인트다. 아이가 울면 "소풍 못 가서(비가 와서) 눈물(울음)이 나와?" 하는 식이다. 그다음은 상황을 인정해야 한다.

"그래. 비가 와서 소풍을 못 가니 엄마도 정말 안타깝다."

아이가 울지 말라고 해도 계속 울 때, 엄마는 더 짜증나는 경험을 이미 해보았을 것이다. 이제 엄마의 자존감을 추슬러 아이 감정을 살펴주고 알아주자.

자존감은 "나는 소중하다. 내 감정은 소중하다. 나는 인정받고 있다"라는 감정의 집합체다. 수많은 아이의 감정 가운데 엄마가 더 소중하게 다뤄줘야 할 감정이 바로 짜증이나 화 같은 부정적 감정이다.

아이의 부정적 감정을 엄마 기분대로 정리하거나 내치지 말고 소중하게 다뤄주자. 다독여서 풀어지게 해주자. 이건 "오냐, 오냐" 하는 것이 아니라 아이가 감정을 다스리는 방법을 알도록 하는 것이다. 자기 감정을 알고 그 감정을 다루는 방법을 알아야 감정조절 능력이 있는 자존감 높은 아이가 된다.

이런 과정에서 엄마의 육아 자존감도 높아진다. 아이가 엄마와 대화하면서 긍정적으로 변하는 모습을 지켜보는 것은 엄마로서 유능감을 느끼게 해준다. 아이도 "엄마, 사랑해요" 하는 마음이 퐁퐁 솟을 것이다.

부모 자존감이 높아야
아이 자존감도 높아진다

~~~~~~~~~~

우리 아이 자존감의 뿌리는 부모와의 관계에서 시작된다. 타인을 배려하면서도 타인의 평가에
휘둘리지 않고, 실수와 실패에도 의연한 사람으로 행복하게 살기 바란다면 자존감을 키워주자.

자존감은 '스스로를 위로하는 힘'이고 자존감이 높은 부모는 양육자로서 아이가 좋은 방향으로 변할 것이라고 자신을 믿는다. 아이가 의미 있는 타인, 특히 부모에게 긍정적인 존재감을 느끼게 되면 아이의 성취감과 부모의 만족도가 함께 높아진다.

다음 페이지에 있는 '부모 자존감 진단표'를 확인해보자. 그것을 바탕으로 부모 자존감이 높은 경우에는 강화하고, 낮은 부분은 보완해보자. 진단표의 번호에 따라 부모 자존감 높이기 처방전을 구체적으로 제시해본다. 자존감이 높은 부모가 자존감이 높은 아이를 키운다는 말을 명심하자.

- 나는 아이가 말을 안 들으면 화부터 난다.

- 나는 아이가 마음에 안 드는 대답을 하면 말대꾸를 한다고 느껴진다.

- 나는 아이의 부정적인 감정을 대할 때 더 부정적인 감정을 느끼게 된다.

- 나는 아이가 자신감이 없거나 위축된 모습을 보일 때 다그치는 편이다.

- 나는 아이에게 애정표현(말과 스킨십 등)이 부족한 편이다.

- 나는 어떤 말이든 아이의 말에 끝까지 경청하고 반응한다.

- 나는 아이에게 화를 쉽게 내고 혼내는 횟수가 잦은 편이다.

- 나는 아이가 잘하는 일을 찾아 칭찬해준다.

- 나는 아이와 내가 잘 맞는다고 생각한다.

- 나는 아이에게 상처를 잘 받는다.

부모 자존감 향상 처방전을
숙독하자

아이가 말을 안 들으면 화부터 난다

'매우 그렇다!'였다면 부모 스스로 자기 말에 '권위 의식'을 부여하는 것은 아닌지 돌아봐야 한다. 아이든 어른이든 내 말을 안 듣는다면 기분 좋을 사람은 없다. 경청이 중요한 게 그런 이유다. 아이가 부모 말을 안 듣는다면 기분 좋은 일은 아니지만 분명한 건 화낼 일은 아니라는 것이다.

다른 사람이 내 말을 안 듣는다고 상대에게 화내지는 않는다. 말을 듣게 노력해야 한다. 그런데 부모는 아이가 말을 안 들으면 화내도 된다고 생각한다. 부모라는 무소불위의 섣부른 권위주의를 내세우는 것이다. 진짜 권위 있는 부모는 아이가 부모 말을 듣게 하려고 노력한다. 자존감 높은 부모의 태도다.

아이가 내 마음에 들지 않는 대답을 하면 말대꾸로 느낀다

"정리 할 거야, 안 할 거야?" 했을 때 아이가 "안 해!"라고 대답한다면, 그런 답을 한 아이 마음(원인)을 헤아리는 부모인가? 그러기가 쉽지 않다. 부모가 원한 답이 아니기 때문이다. '정리 안 하고 싶은 이유를 알아서 뭐해? 언제는 정리하는 거 좋아했나?'라는 생각을 할 뿐이다.

부모 마음에 안 드는 말을 했다고 해서 "왜 말대꾸를 해?" 하는 게 아니라 아이 생각을 아이 처지에서 생각해보려고 노력하는 부모가 자존감이 높은 부모다. 자존감이 높은 부모는 합리적이고 공정하려고 노력한다.

아이의 부정적인 감정을 대할 때 더 부정적인 감정을 느낀다

아이가 짜증내거나 울거나 남을 탓하는 식으로 부정적 감정을 보일 때 부모도 편치 않다. 그럴 때 아이보다 더 부정적 감정을 느끼는 부모가 있다. "왜 울어. 뚝 해. 왜 말로 못해"하며 아이 감정을 억누르는 부모다. 이때는 이렇게 하면 도움이 된다.

이유를 듣고 "그래서 눈물이 났어?"하며 아이의 부정적 감정을 먼저 알아주고 "그런데 울면서 말하면 알아들을 수 없어. 울음을 그치고 말해줄래?"하며 아이가 부정적 감정을 바르게 표현하는 방법을 알려주자. 일명 공감 육아다.

"공감이란 게 말은 쉬운데 막상 아이가 떼를 쓰면 더 화가 나요"한다면 아이의 부정적 감정에 더 부정적인 감정을 느끼는 부모다.

아이의 부정적 감정을 대할 때 자존감 높은 부모는 아이의 부정적 감정도 소중한 감정으로 여긴다. 아이가 부모에게 짜증을 내는 게 아니라 감정을 표현한다고 여기는 것이다.

아이가 자신감이 없거나 위축된 모습을 보일 때 다그친다

부모 참여 수업 때 "저요, 저요"하며 손을 번쩍 들지 않았다고 "그렇게 하면 나중에 훌륭한 사람이 못 된다"라며 엄포 놓는 부모를 본 적이 있다. 손을 들고 앞에 나가 발표하는 아이도 있지만 발표하고 싶지 않은 아이도 있다. 자존감 문제가 아니라 아이의 성격이나 상황에 따른 선택임을 인정하자.

"아빠가 뒤에서 보니까 우리 딸 앉아서 듣는 모습이 정말 의젓하던걸." 이렇게 아이가 보인 행동 중 긍정적인 부분을 격려하는 게 좋다. 특히 부모 스스로 내성적이거나 사교성이 없다고 생각할 때 아이에게 걱정을 투사하는 경우를 종종 본다. 사람은 단면이 아니라 다면성을 가졌다는 걸 인정해야 아이가 강점을 발휘한다는 것을 아는 부모가 자존감이 높은 부모다.

아이에게 애정 표현이 부족한 편이다

자존감을 서로 올리는 사이가 있다. 사랑하는 사이다. 이 둘은 상대가 말하면 미소 띠며 듣고, 웃고, 화답한다. 또한 서로 접촉하고 싶어한다. 부모와 자녀를 두고 사랑 운운하는 것이 사족 같지만 스킨십이 부족하다면 사랑이 부족한 것이다.

부모 성격에 따라 자녀에게 하는 스킨십의 양은 다르다. 안 하다보면 더 어색해진다. 늦기 전에 아이에게 하는 스킨십의 양을 늘리자. 아이마다 착착 안기고 감겨드는 아이가 있는가 하면 그렇지 않은 아이도 있다. 이런 아이일수록 잠들었을 때라도 자주 어루만져주자. 접촉의 긍정적 힘은 이미 여러 연구 결과에도 나와 있다.

어떤 말이든 아이 말을 끝까지 경청하고 반응한다

경청은 관심이 있고 사랑한다는 표현이다. 아이가 말할 때 딴 데를 보거나 스마트폰을 만지거나 집안일 등을 하면 아이는 존중받지 못한다는 느낌을 받는다.

설령 말을 잘 못하는 아이라도 아이가 말할 때 끝까지 말하도록 격려하는 부모가 있다면 그 아이는 말 잘하는 아이가 될 수 있다. '난 말 잘하는 사람'이라는 유능감을 키워주었기 때문이다.

"그랬어?" "그래서 어떻게 되었는데?" "어머, 그랬구나. 재미있다. 넌 정말 실감나게 말을 잘 하는구나." 자존감이 높은 부모는 아이 자존감의 요소인 유능감을 이렇게 키워준다.

아이에게 화를 쉽게 내고 혼내는 횟수가 잦은 편이다

부모의 자존감이 낮을 때 자주 나타나는 문제다. 이런 부모는 화내는 이유와 혼내는 이유가 '아이가 가진 반복된 문제 행동이 원인'이라고 말한다. 하지만 부모의 훈육과 감정 조절이 원인일 때가 있다.

아이가 그러고 싶어서 그러는 게 아니라는 것을 알고, 그렇게 타고난 것을 인정해주는 부모가 인격적인 부모다. 만약 아이의 기질적 까다로움이 문제라면 아이에게 화를 내지 말고 충분히 기다려줘야 한다.

아이가 잘하는 일을 찾아 칭찬해준다

아이가 칭찬받아 마땅한 일이 부모에게는 당연한 것으로 여겨질 때가 있다. 아이가 '못하는 것'에만 초점을 둔다면 오히려 아이 열등감만 부추길 수 있다.

"이것만 잘하면 정말 좋을 텐데…"라는 부모 목표로 인해 '현재 우리 아이가 잘하는 것'은 자칫 지나칠 수 있다. 아이의 부족한 것을 채워주기보다 현재 잘하는 것을 부각하자. 특히 우리 아이가 내성적이라면 더더욱 그렇다. 부족한 점만 크게 느끼지 말고 현재 잘하는 점에 초점을 맞추는 게 중요하다.

아이와 내가 잘 맞는다고 생각한다

아이와 내가 매사에 부딪친다고 생각하면 육아가 어려워진다. 아이를 사랑하는 마음만으로는 부족하다. 아이 발달을 이해해야 한다. 아이가 내게 맞는 게 아니라 부모가 아이에게 맞아야 한다.

아이가 부모를 볼 때 부모인 나와 잘 맞는다고 생각할까? 우리 아빠는 나랑 잘 맞는다고 생각할까? 아이도 부모에게 맞추느라 애쓴다는 걸 알아주자. 아이 앞에서 말해보자. 만약 어색해서 안 되면 아이가 잠들었을 때나 뒷모습을 보면서 뭉클해지도록 말해보자.

"○○야, 우리에게 와줘서 고마워!"

아이에게 상처를 잘 받는다

먼저 부모 자신의 문제(건강이나 정서적 문제 등)를 돌아본다. 다음은 부부 간 문제, 원부모와의 문제, 외부(업무, 타인과 관계)와의 문제 등이다.

부모 스스로 힘든 경우 심지어 어린 내 아이에게서도 상처를 받는다고 생각하며, 그 피해 의식으로 아이에게 공격적인 말도 하게 된다. 아이가 주는 상처가 아니라 부모 스스로 가진 문제로 아이에게 상처를 주는 경우가 많다.

'그럴 수 있어'로
부모 자존감 높이기

'그럴 수 있어'가 전제되면 부모의 자존감도 높아진다. 첫째, 부모가 아이의 작은 성취에도 만족한다. 둘째, 아이의 자신감이 상승한다. 셋째, 자기애 등으로 빠지지 않고 자존감이 안정적인 상태를 유지한다.

부모가 아이의 가치를 소중하게 여겨주면 아이는 자연스레 '난 소중한 존재야'라는 자아상을 새기며 자신을 가치 있는 인간으로 여기게 될 것이다.

아이의 자존감은 부모와의 관계에서 가장 크게 영향을 받는다. 아이의 자존감은 본디 유연하고 말랑거리는 상태에서 시작한다. 이 시작점에 부모라는 '소중한 힘'이 영향을 미친다. 이것이 부모의 건강한 자존감을 살펴본 이유다.

오늘도 "그럴 수 있어. 딸, 네가 엄마 사랑하는 거 알아. 어디 한번 안아보자. 괜찮아. 크느라고 그러는 거지?" 하는 부모 마음 덕분에 우리 아이들이 잘 크고 있다.

태몽 효과로 아이 자존감을
크게 키울 수 있다

아이의 자신감을 북돋고 자존감을 쑥쑥 올리는 말, '난 운이 좋아'라며 도전하고 싶게 하는
태몽 이야기로 우리 아이를 크게 키워보자. 태몽 스토리텔러가 되어보자.

피그말리온 신화를 간략히 살펴보자. 피그말리온이라는 왕이
키프로스섬에 살고 있었는데 그는 조각하기를 좋아했다. 어느 날
그는 자신이 조각한 아름다운 조각상을 보며 '이런 여인을 아내로
맞았으면' 했다. 마음으로만 바란 게 아니었다. 간절한 마음으로
조각상을 어루만지고 입을 맞추며 말했다. "아내로 맞고 싶다."

그 후로는 우리가 아는 대로 그 소원이 이루어졌다. 그런데 이
건 신화일 뿐일까? 마침 하버드대학교 로젠탈 박사는 샌프란시스
코의 한 초등학교 학생들을 대상으로 실험해서 피그말리온 신화
가 충분히 현실적으로 가능하다는 것을 보여주었다.

로젠탈 실험을 결론적으로 말하면 '기대나 관심으로 상대방이 긍정적으로 변하는 현상'이다. 다시 말하면 긍정적 관심이 상대방의 심리나 행동에 영향을 미친다는 것이다. 교사가 아이들을 어떤 마음으로 대하는가, 가능성이 있는 아이들이라는 마음으로 바라보며 가르치는가 등의 요인이 학생들을 긍정적으로 변하게 한다.

태몽 효과,
"넌 될 수 있어"

태몽은 주로 임신 전 또는 아기가 태내에 있을 때 엄마나 아빠, 조부모, 친척, 심지어 지인들이 꾼다.

우선 태몽을 꾸는 사람들의 범위를 넓히는 것이 좋다. 태몽은 꿈 이야기, 즉 스토리다. 태몽을 꾼 사람이 많아야 이야기가 다양하고, 이야기가 다양할수록 응용하기 좋다. 아이를 키우면서 아이 꿈이 바뀔 때마다 아이를 격려해야 할 때, 태몽을 자주 인용하고 응용해야 하기 때문이다.

태몽이 주는 메시지는 "너는 될 수 있어"다. "넌 할 수 있어"와 함께 더 강력한 메시지가 "넌 될 수 있어"다. 넌 할 수 있다는 것은 아이가 주체적으로 한다는 점에서는 긍정적이지만 때로 열심히 해도 현실적으로 안 되는 경우도 있다.

반면 '넌 될 수 있어'는 보이지 않는 힘이 네게 무엇을 이루도록 도와준다는 의미다. 인생은 자신의 노력과 의지가 주체가 되어야 하지만 운이나 타인의 도움도 필요하다. 또 자신이 운이 좋은 아이, 하면 되는 아이라는 자기 암시도 중요하다.

우리 아이가 "저는 운이 없어요"보다 "저는 운이 엄청 좋아요"가 낫지 않은가. 요행수를 바라는 아이가 아니라 "저는 하면 돼요"라고 믿는 아이가 노력도 한다. 왜 그럴까? 하면 되니까 그렇다. "나는 노력하면 되는 아이야" "내가 하고자 하면 상황도 도와준다니까"라는 긍정적 생각이 성취감으로 이어질 수 있다.

이렇게 아이의 자신감을 북돋고 자존감을 쑥쑥 올리는 자기 암시의 말, '난 운이 좋아'라며 도전하고 싶게 하는 것으로 태몽 이야기를 응용해보자.

태몽 스토리텔러
부모가 되자

"엄마, 나 작곡가 될 거야."

"그래? 작곡가? 멋진데? 엄마가 너 배 속에 있을 때 태몽을 꾸었는데 하늘에 새들이 막 줄지어 날아가는 거야. 와~ 하고 보는데 글쎄, 새들이 깃털을 하나씩 떨어뜨리는 거 있지. 엄마가 잡았더니 그게 음표가 되더라. 혹시 네가 작곡가가 되려는 꿈이었나?"

그런데 아이가 얼마 후 꿈이 바뀌었다. 유치원에서 미술전시회를 다녀와서는 화가가 된다는 것이다.

"엄마, 나 화가가 될 거야."

그럴 때는 할머니 태몽이나 할아버지 태몽을 응용하면 된다. 야속하게 가족이나 친척 중 아무도 태몽을 꾼 분이 없어도 괜찮다. 부모는 스토리텔러다.

"그래? 화가? 좋지. 그럼 그릴 작업실도 있으면 정말 멋지겠다."

"근데 엄마, 화가 중에는 원래 천재로 태어난 사람이 많대."

아이는 천부적인 재능을 타고난다는 이야기를 하는 거다. 이럴 때 태몽이 필요하다.

"그럼, 너도 타고났어. 왜냐하면 할머니가 태몽을 꾸셨는데, 아침에 비가 그치더니 하늘에 무지개가 빨주노초파남보 쫙 뜨더래. 그래서 할머니가 엄마보고 무지개 색이 고와서 예쁜 딸이 태어날 거라고 하셨거든. 봐봐. 예쁜 딸 낳았잖아. 그런데다 색깔도 빨주노초파남보니까 색감 최고네. 천생 화가가 될 꿈이지?"

아빠: 우리 아들 뭐가 되고 싶어? 꿈이 뭐야?

아들: 없는데? 몰라.

아빠: 그래? 꿈이 너무 많아도 모를 수 있어.

아들: 요리사가 되고 싶긴 한데.

아빠: 그래? 그 꿈 이야기 낯익다. 맞다. 너 엄마 배 속에 있을 때 아빠가 꿈을 꿨는데 넓은 초원이었거든. 근데 그게 밭이 되더니 채

소랑 과일들이 주렁주렁 열리는 거야. 네가 그걸로 요리하라고 그 랬나?

어느 날 아이 꿈이 바뀌면 조부모, 이모, 고모 등의 태몽을 응용하면 된다. 신화나 전설 등의 유사성과 신비로움을 태몽과 연결하면 실감난다.

태몽은 꿀 수도 있고 꾸지 않았을 수도 있으나 부모가 아이를 위해 정성껏 지은 이야기이고, 거기에 간절함이 담겨 있으니 피그말리온 신화 효과나 로젠탈 효과보다 더 큰 효과가 있을 것이다.

아이에게 꿈을 주고, 하면 된다는 가능성도 열어주는 여러 가지 태몽을 부부가 오순도순 만들어보자. 하면 된다고 믿는 아이는 쉽게 좌절하지 않는다. 태몽으로 자존감을 키우고, 꿈을 키우고, 가능성을 열어주려고 아이를 위해 태몽도 만드는 부모라면 정말 멋진 부모다. 태몽이야말로 꿈 아닌가. 부모의 간절한 마음을 담은 꿈(태몽)이야말로 피그말리온 신화, 로젠탈 효과와 닿아있다.

아이의 부정적 감정을 엄마 기분대로 정리하거나

내치지 말고 소중하게 다뤄주자.

자기 감정을 알고 그 감정을 다루는 방법을 알아야

감정조절 능력이 있는 자존감 높은 아이가 된다.

부모와 아이, 책 속에서 길을 찾다

책 읽어주기의 기적을 아시나요?

책에서 만난 멘토들, 인맥지수를 넓힌다

애착 육아의 모든 것, 베드타임 독서

책 없이 책 이야기하는 베드타임 스토리텔링 노하우

아이 여행 가방이 책가방이 되면 일어나는 일들

6장

책 읽어주기가
가져오는 기적들

～～～

부모와 아이,
책 속에서 길을 찾다

부모도 책을 좋아하고 아이도 책을 좋아하는 비법이 있다. 바로 '책 읽어주기'다. 나는 이 말에 '기적'이라는 말을 넣기도 한다. 책을 읽어주는 것이 어떻게 기적을 일으키는지 살펴보자.

"책은 사람을 만든다."

"사람은 책을 만들고 책은 사람을 만든다." 오늘날의 나를 있게 한 것은 동네의 작은 도서관이었다는 빌 게이츠Bill Gates 말을 인용해보면 오늘날 우리를 있게 한 것은 책이지 않을까.

이렇게 진심으로 동의하는 바탕에는 부모님들과 어떻게 하면 아이들이 책을 좋아하게 할지 함께 고민한 것과 '책 읽어주기의 기적'을 강연할 때마다 받는 감동 덕분이기도 하다.

책을 좋아하는 내 아이, 학년이 올라갈수록 책 읽을 시간이 부족한 것이 현실이지만 책 읽는 것이 당면 과제가 되었을 때 어려서 책과 친했던 경험을 바탕으로 효율적인 독서를 하는 청소년기 아이를 기대하는 부모님이 '책 읽어주기의 기적' 특강을 찾는 청중이다. 즉 '독서 비법'을 기대하고 오는 것이다. 아이의 책 읽기에 대한 간절한 바람은 특강 외의 장소와 상담에서도 많이 이어진다.

'책을 좋아하는 내 아이'로 키우려면 부모님이 먼저 "왜 책을 읽어야 하지?" "어떻게 독서 롤모델을 보이지?"라는 질문과 대답을 준비하고 "그래, 책은 사람이 만드는 거야"라는 확신이 들 때 가능하다.

부모님도 책을 좋아하고 아이도 책을 좋아하는 비법이 있다. 바로 '책 읽어주기'다. 나는 여기에 '기적'이라는 말을 넣는다. 부모님이 아이에게 책을 읽어주는 것이 어떻게 기적을 일으킬까?

부모교육전문가로서, 아동문학가로서, 대학에서 '언어교육'과 '아동문학'을 강의하는 사람으로서 찾아낸 방법을 소개한다. 이 또한 책 속에서 찾은 것이다.

부모와 아이의 교감과 인지능력을 높이는 '책 읽어주기'

아이와 부모가 교감하고 똑똑한 아이로 만드는 방법으로 가장 훌륭한 매개체가 '책'이다. 부모와 아이가 30분 동안 대화하거나 시간을 함께한다면 학습 능력이 향상되고 사회성 발달에 도움이 된다는 연구 결과도 있다.

책도 읽어주고 아이와 함께하는 시간도 갖는 '도랑 치고 가재 잡고'의 효과를 책 읽어주기로 접근해보자. 부모님이 아이를 안고 책을 읽어주는 것이다. 아이가 10세 이전이라면 아이 스스로 책을 읽는 것도 필요하지만 부모가 아이에게 읽어주는 것을 더 많이 해야 한다.

잠자기 전 침대 위 독서도 좋고, 퇴근 후 돌아오자마자 아이를 안고 읽어줘도 좋고, 저녁식사 후 아빠가 아이를 안고 책을 읽어주는 것도 좋다. 밀린 집안일, 아이 숙제 체크하기, 엄마 아빠의 컨디션 등 책 읽어주기의 장벽이 높은 것이 사실이다. 하지만 그럼에도 책 읽어주기를 해야 한다. 아이에게 책을 읽어주다보면 부모가 먼저 독서삼매경에 빠질 것이다.

그렇다면 책을 언제까지 읽어주면 좋을까. 읽기 수준과 듣기 수준은 13~14세가 되어야 같아진다는 연구 결과가 있다. 13~14세 때까지는 능숙한 읽기가 가능한 부모가 읽어주면 책 내용이 훨씬 잘 이해되고 책에 흥미를 느낄 수 있다. 하지만 사춘기에 접어든 아이를 품에 안고 책을 읽어주기는 현실적으로 어려울 수 있다.

아이가 품안의 자식이라고도 하는 최소한 10세까지는 책을 읽어주자. 부모가 아이에게 책을 읽어주는 힘은 독서 효과뿐 아니라 아이의 정서지수EQ를 높이고 사회성 지수 또한 높여주며, 두뇌를 자극해 신경회로를 새롭게 형성하고 기존의 신경회로도 강화하므로 공부도 잘하게 해준다. 이때 '꼭 끌어안고' 읽어줘야 한다. 그래야 집중력의 베타파와 마음 안정의 알파파가 다량 나온다.

잘 읽는 부모가
읽어주는 게 좋다

아이가 5세만 되어도 부모는 내심 한글 떼기에 대한 기대를 드러낸다. 한글 떼기 목표에는 아이 스스로 책을 읽었으면 좋겠다는 마음도 들어 있다. 하지만 책 읽기의 사각지대가 바로 아이가 한글을 막 읽기 시작할 때다. 부모는 그동안 잘 읽어주던 책을 이제 아이에게만 맡긴다. '아이 혼자 잘 읽을 수 있으니까' 하는 마음이지만, 이때 책 읽기는 사실은 제대로 읽는 게 아니다.

아이가 책을 뚝딱 읽으면 "건성건성 읽으면 내용을 파악할 수 없잖아. 천천히 정독해야지"라고 한다.

어떤 엄마는 이런 고민도 털어놓는다.

"우리 애가 뭐든지 대충하는 성격이라 그런지 책도 대충 읽는 것 같아요."

책을 꼼꼼하게 읽거나 대충 읽는 것은 성격 문제를 떠나 먼저 아이의 읽기 능력을 살펴봐야 한다. 책을 읽는다는 것은 단순히 글자를 읽는 것이 아니라 그 안에 담긴 내용을 이해하는 것이다. 의미를 모르고 읽으면 재미가 반감되어 건성으로 읽고 책이 싫어질 수 있다.

흔한 예로 '아 버 지 가 방 에 들 어 가 신 다'를 살펴보자. '아버지, 가방에, 들어가신다' 또는 '아버, 지가, 방에, 들어, 가신다'라고 읽을 수 있다. 만약 '아버지가 방에 들어가신다'고 읽어도 제대로 읽은 것이 아닐 수 있다. 이 단순한 문장에도 아버지가 문지방을 넘는 장면이나 작은 문을 통과해야 해서 고개를 숙이고 들어가는 지, 아버지 키가 커서 구부정하게 방에 들어가는 모습인지 등 전후 문맥에 따라 떠오르는 이미지가 다르다. 이 이미지까지 떠올리며 읽어야 한다.

그래서 잘 읽는 부모가 읽어주는 게 좋다. 글의 '맛'과 '멋'을 살려 읽어주면 비로소 아이에게 이해와 재미를 준다. 아이가 글자를 읽을 수 있을 때 오히려 더 많이 읽어주자.

아이들의
읽기 단계

아이들의 읽기 단계에는 몇 단계가 있다. 그림을 보면서 내용을 꾸며 말하거나 아는 글자 한두 자를 엮어 이야기를 지어내는 등 아이가 읽는 시늉을 하는 단계가 있다. 이렇게 아이가 읽기를 시도하는 것이 초보적 읽기다. 이때도 아이에게 "잘 읽는구나" 격려하면서 엄마가 재미있게 읽어주는 2가지를 병행하면 좋다.

초등교과 과정은 읽기에 대한 학습목표가 있기 때문에 초등학생이 되면 '읽기 단계'에 접어들어 제법 읽는다. 하지만 문맥을 이해하고 전체 줄거리를 파악하는 연습을 하며 제대로 읽기를 배워가는 시기이므로 능숙한 읽기를 기대하는 것은 무리다.

완전한 읽기를 향해 나아가는 이 시기에 잘 읽는 어른이 읽어주년 내용을 잘 이해하는 것은 물론 행간도 파악하게 된다. 도움닫기를 디디면 더 높이 뛰어오를 수 있듯이 부모가 잘 읽어주면 아이의 독서 능력이 배가된다.

아이가 독서삼매경에 빠져 있을 때 부모가 대신 읽어주라는 것은 아니다. 그때는 지켜보다가 다 읽으면 "등장인물로 누가 나왔니?" "줄거리를 말해줄 수 있을까?" 등의 질문을 하며 아이의 책 읽기에 관심을 보이면 좋다.

책 읽어주기의 기적을
아시나요?

책도 읽어주고, 아이와 함께하는 시간도 갖는 '마당 쓸고 동전 줍고'의 효과를 책 읽어주기로
접근해보는 것은 어떨까? 앞서 강조한 대로 부모가 아이를 안고 책을 읽어주는 것이다.

버스정류장에서 포스터 한 장을 본 적이 있다. 한 청년과 초등
생 사진 위에 "삼촌이랑 나랑은 생각의 키가 같아요"라는 카피와
함께 청년과 아이의 머리 위로 책이 쌓여 있는 포스터였다. 삼촌
은 아이보다 키가 큰데 아이가 읽은 책이 많으니 결국 책 권수로
두 사람 키가 같아진 것이다.

책을 읽어야 하고 책 읽기가 좋다는 건 아이나 어른 모두 아는
사실인데 실천하기는 정말 어려운가보다. 게다가 학년이 올라갈
수록 독서 실천이 어려운 게 현실이다. 하지만 다행인 것은 유치
원·초등학교 저학년일 때는 책을 재미있어 한다는 것이고, 더 다

행인 것은 부모가 아이에게 책을 좋아하게 할 수 있다는 것이다. 바로 책 읽어주기가 그 실마리가 될 수 있다.

책 좀 읽어라 vs. 책 읽어줄게

어느 날 초등학생 민석이가 "선생님, 오늘 아침에 엄마가 신문을 읽었어요"라고 한다. 이어 "낯설었어요"라는 말을 덧붙인다. '자녀에게 부모가 뭔가 읽는 모습이 낯선 부모의 모습은 아니어야 하는데'라고 내가 생각하는 순간 민석이는 그 모습이 참 좋았다는 말을 한다.

우리 아이들은 부모님을 늘 자랑스러워한다. 특히 책 읽는 모습, 공부하는 모습을 보면 누군가에게 자랑하고 싶어 한다. 부모님은 아이 키우랴, 일하랴, 시간을 내서 책 읽는다는 게 쉽지만은 않다. 하지만 아이는 부모를 보며 자란다는데 두 손 놓고 포기할 수만은 없다.

일거양득의 효과를 얻는 방법이 있다. 바로 부모가 아이에게 책을 읽어주는 것이다. 그런데 이게 왜 일거양득일까? 먼저 아이에게 책을 읽어주려면 부모가 먼저 읽게 된다. 어른의 입장에서 봤을 때, 읽기 쉬운 유아용 도서를 읽는 것이지만 아이가 봤을 때는 부모가 책을 읽고 있는 모습이다. 그리고 먼저 읽은 부모는 내용을 이해하고 어디에서 강조하고 더 실감나게 읽을지 확인하게 되어 아이에게 읽어줄 때 더 재미있게 읽어줄 수 있다.

많은 부모에게서 "어떻게 하면 재미있게 읽어줄까요?"라는 상담을 받곤 한다. "부모님이 먼저 읽고 이해하면 더 실감나게 읽어줄 수 있다"라고 대답한다. 들려주는 사람이 먼저 재미를 느껴야 한다. 그래야 아이에게 그 재미가 더 잘 전달된다.

부모가 재미있으면
아이도 재미있다

문학의 1차 수용자인 엄마와 아빠가 즐거우면 아이도 즐거워한다. 부모가 먼저 재미있게 읽어야 아이에게도 재미있게 들려줄 수 있는 것이다. 흔히 아이들을 위한 그림책, 동화책은 유치할 것이라고 생각하지만 읽어 보면 아이들 책은 정말 재미있다. 이 생각에 이미 많은 부모가 동감할 것이다.

아이와 부모의 교감을 이끌어내고, 대화를 풍부하게 하는 가장 좋은 매개체가 바로 '책'이다.

아이에게 책을 읽어주는 일은 결코 밀린 집안일이나 아이 숙제보다 하위 순위가 아니라는 것을 기억하자. 아이에게 책을 읽어주다 보면 부모가 먼저 책에 빠져버린다. 아이들의 책, 동화책, 동시, 그림책은 모두 재미있고 맑고 향기롭다. 동심으로 돌아가는 진귀한 경험도 할 수 있다. 그리고 동심을 간직한 부모와 함께하는 아이는 잘 클 수밖에 없다.

책을 읽어주면
공부도 잘할까?

책과 공부를 지나치게 연결하는 것은 개인적으로 추천하지 않지만 책을 많이 읽어주면 학습 능력이 향상된다는 것은 명백한 사실이다.

미국 교육부 연구에 따르면 친숙한 양육자가 책을 읽어줄 때의 긍정적 상호작용이 아이의 두뇌를 자극한다고 한다. 일명 '학습의 길'이라는 신경회로를 새롭게 형성하고 기존의 신경회로를 강화하기 때문이다.

책을 읽어줄 때와 읽을 때 뇌파를 비교했다. 책을 읽어줄 때는 알파파가 증가했다. 알파파는 마음의 평화, 안정감을 주는 뇌파다. 5~6세는 친밀감을 형성하는 시기인데 안고 책을 읽어줌으로써 정서가 안정되는 것이다.

일본 니혼대학 연구에 따르면 소리 주관의 측두엽과 감정뇌인 변연계의 감정과 감성이 어우러지면 인지과정이 강력해진다고 한다. 감정이 느껴지면 내용이 잘 파악되고 이해가 잘된다. 정서안정, 인지발달이 어우러져 더 큰 효과를 내는 것이다. 기억할 것은

'꼭 안고' 읽어주는 것이 중요하다. 그래야 앞서 말했듯이 집중력의 베타파와 마음 안정의 알파파가 다량 나온다.

책 읽어주기의 기적은 부모님에게 먼저 일어난다. '윤리와 사상'을 가르치는 고등학교 선생님 이야기다. 이 분은 아킬레스건을 다쳐 깁스한 상태라 딸아이와 몸으로 놀아줄 수 없어 선택한 것이 '아이에게 책 읽어주기'였다고 한다. 그리고 아이에게 책 읽어주기야말로 부모가 먼저 책과 친해지는 계기가 됨을 입증해주었다.

"애들 책 진짜 재미있어요. 요즘은 딸애보다 제가 더 동화책을 찾아 읽어요. 딸이 '아빠 그만 보고 나 읽어줘야죠' 한다니까요."

소리 내어 책 읽어주기의 효과

- 소리 내어 책을 읽으면read aloud 스트레스 해소 효과가 있다.
- 음악을 듣거나 산책하는 것보다 스트레스 해소에 좋다.
- 책장을 넘기고 6분 이내에 심장박동 수가 줄고 근육 이완 효과까지 있다.

– 영국 서식스대학교 연구 결과

　세상에서 듣기 좋은 소리가 몇 가지 있는데 그 중 낙숫물 떨어지는 소리, 아이들 웃음소리, 글 읽는 소리가 있다. 아이에게 세상에서 가장 아름다운 소리, 듣고 싶은 좋은 소리는 바로 부모가 책 읽어주는 소리가 아닐까?

　그 아름다운 소리가 세상을 여는 소리이며, 아이의 행복한 인생을 여는 소리다. 그리고 아이에게 가장 기억하고 싶은 기분 좋은 경험일 것이다.

• • •

책에서 만난 멘토들, 인맥지수를 넓힌다

책은 사람을 만들고 사람은 책을 만든다. 나 또한 여전히 책 속에서 길을 발견한다. 그 길에서 멘토를 만나며 책을 통한 만남에 두근거린다. 바로 오늘 아이와 함께 책 한 권을 펼쳐들자.

지방 강연을 가게 되면 꼭 들르는 곳이 도서관이다. 예전에는 이른 아침 강연할 도시에 도착하면 카페에서 차를 마시며 강연을 준비하고 신문을 보며 여유 있게 시간을 즐겼었다. 그런데 한 도시에 강연이 있어 아침에 도착했더니 그 시간에 문을 연 카페가 없었다. 그게 계기가 되어 도서관을 찾게 되었다.

그때부터 강연 날 아침 풍경이 달라졌다. 어떤 도시에 도착하든지 도서관을 찾았다. 이른 시간부터 도서관의 분위기를 느끼며 동기부여를 받는 것은 물론이고 지역마다 특색 있게 운영되는 도서관과 특유의 문화를 접하게 되는 아침의 행복이 남다르다.

책 속에서
멘토를 만나다

그날은 마침 '독서로 키우는 내 아이'라는 주제로 교육청에서 강연하는 날이었다. 준비한 강연 '책 속에 길이 있으니 자녀들에게 책 보는 환경을 만들고, 거실에서 텔레비전을 치우거나 거실을 서재로 만들고 부모님이 자녀에게 책 읽는 모습을 보이는 독서 롤모델이 되자'라는 '모두가 다 아는 이야기를 해야 하는' 고난도 강연이었다.

강연 시간이 다가와 도서관을 나서려는데 1층에 게시된 사진과 글이 눈에 들어왔다. 미국의 제16대 대통령 링컨Abraham Lincoln의 사진과 그에 관한 일화였다. 링컨 인생에서 가장 큰 영향을 미친 두 여인의 이야기였는데 강연은 그 이야기면 충분할 정도였다.

링컨은 2017년 초 미국 의회방송 〈C-SPAN〉에서 역사학자와 정부 전문가들을 대상으로 실시한 미국 대통령의 리더십 평가에서 1위를 차지했다. 그가 위대한 대통령으로 남은 원동력은 무엇일까? 바로 책과 만났다는 것이다.

링컨은 자신이 어렸을 책부터 책을 가까이하도록 해준 새어머니 세라Sarah와 작가 해리엇 비처 스토Harriet Beecher Stowe 부인이 그의 인생에 가장 큰 영향을 미쳤다고 했다. 책에서 길을 찾고 멘토를 만난 링컨의 이야기는 내게도 깊은 울림을 주었다.

책과의 만남,
성공의 원동력이다

나 또한 책 속에서 길을 찾고 멘토를 만났다. 우리나라 최초의 밀리언셀러 『인간시장』의 작가 김홍신 선생님은 대학시절 책으로 만났고, 지금은 '전통 그림동화책'의 공저자로 함께 작업하는 꿈같이 행복한 일을 하고 있으니 인생 최고의 스승을 책을 매개로 만난 셈이다.

청소년 대상 강연이나 상담을 할 때 꼭 권하는 몇 가지가 있다. '책을 사자. 저자 강연도 가고, 강연이 끝나면 달려가 저자에게 사인을 받자. 저자의 숨결을 느끼며 친필 사인을 받는 일은 또 다른 책을 만나는 일이다.'

내 버킷리스트에도 저자 사인 100권 받기가 들어 있다. 2천 년 전 또는 수백 년 전 우리와 시공간을 달리했던 공자, 소크라테스, 율곡 등을 지금 만난다면 어찌 가까이에서 숨결을 느끼고 싶지 않겠는가.

다행히 그분들을 책을 통해 '간접 만남'을 할 수 있지만 지금 나와 동시대를 살아가며 '세상을 보여주는' 저자들과 '직접 만남'을 많이 시도한다는 것 또한 엄청난 기회를 만드는 일이다. 그것이 바로 인맥을 넓히는 일이다.

"책은 사람을 만들고 사람은 책을 만든다"라는 말의 참뜻을 깨닫기까지 오랜 시간이 걸렸다. 나는 책 한 권 또는 글 한 줄에서

섬광처럼 번뜩이는 지혜와 '바로 이거야'를 찾는 일이 기쁘다. 책 속에서 멘토를 찾으니 인맥지수network quotient; NQ가 높아지고 책이 말을 걸고, 책에 말을 거니 날로 지혜로워지는 것 같다.

저자를 만나고 책 속에서 수많은 사람을 만나는 것이 인맥을 넓히는 길이다. 편안한 공간 어디쯤에서 책을 읽는다는 건 어느 행복한 시간과도 바꿀 수 없다. 어느 겨울에는 인문학의 바다에 빠져보자는 생각에 젊은 시절 읽었던 책들을 구입했다. 그것도 시리즈로 100여 권 가까이나 말이다.

『아라비안나이트』를 재미있게 읽었고 『이상한 나라의 앨리스』를 따라 환상의 나라를 여행했으며, 링컨이 책 속에서 길을 찾았다는 『톰 아저씨의 오두막』을 읽었다. 새삼 다른 느낌과 감동을 얻었으며 재미는 덤이었다.

10대에 읽었던 책을 이후에 읽었을 때 다르고, 읽을 때마다 새로움을 주는 게 고전의 힘이라는 걸 알고 있었지만, 『톰 아저씨의 오두막』을 읽으며 부모교육전문가여서일까, 어린 소녀 '에바'의 말 한마디 한마디가 새롭게 들리는 힘에 전율을 느꼈다. 여전히 나는 책 속에서 길을 발견한다. 그 길에서 멘토를 만나며 책을 통한 위대한 만남에 두근거린다.

책과의 만남이야말로 멘토를 만나는 일이고, 내 아이에게 위대한 스승의 손을 잡게 하는 일이다. 오늘 내 아이와 함께 책 한 권을 펼쳐들자.

부모와 아이가 책으로 멘토를 만나려면?

❶ 엄마 아빠가 책에서 만난 멘토, 저자 이야기를 한다.
 – "아빠는 루쉰이라는 분이 쓴 글에서 '내가 걸어가면 길이 된다'는 말
 에 엄청 감동을 받았단다."

❷ 엄마 아빠가 존경하는 작가와 내용을 들려준다.
 – 멘토는 위인이나 역사적 사건의 주인공이 아니라 고난을 극복한 사
 람 등으로 다양하게 접근한다.
 "아빠는 생텍쥐페리라는 작가를 좋아하는데 그분은 더 뺄 게 없을 때
 완벽한 문장이라고 했지."
 "엄마는 『콩쥐팥쥐』를 읽고 엄마가 콩쥐라면 어땠을까 생각했단다.
 과연 그렇게 힘든 상황을 잘 이겨낼 수 있었을까?"

❸ 아이가 좋아하는 저자나 책 속에서 만난 위인들에 대해 대화한다.
 – 아이의 멘토가 아이의 꿈으로 이어질 수 있다.
 "그 책이 그렇게 좋았구나. 그림을 그린 작가분이 마음에 들었어? 우
 리 딸도 그림책 작가가 되고 싶다고?"

• • •

애착 육아의 모든 것,
베드타임 독서

베드타임은 책 육아의 결정판이다. '엄마 아빠가 참 좋아'를 가장 잘 전달하는 행복한 시간이다.
스킨십과 오감을 만족해주는 최고 시간이다. 베드타임 독서는 이후 아이 공부까지 좌우한다.

영아기나 유아기 아이에게 세상에서 제일 듣기 좋은 소리가 무엇일까? 몇 번을 강조해도 지나치지 않다. 바로 부모님이 책 읽어주는 소리다.

그것도 밤에 포근한 잠자리보다 더 포근한 엄마 아빠 품에서 중저음의 아빠 목소리, 듣기 좋은 중고음의 엄마 목소리로 들려주는 '책 읽어주는 소리'다. 이것이 바로 베드타임 독서다.

영아기, 유아기 자녀를 둔 부모라면 잠자리 독서인 '베드타임 독서'가 애착 육아를 넘어 육아의 모든 것이라는 것을 이미 알고 있다.

그런데 문제는 너무나 잘 알고 있지만 실천하기는 결코 쉽지 않다는 것이다.

왜 베드타임 독서를 강조할까?

"그래, 베드타임 독서는 꼭 하자." 부모가 결심하는 순간 아이는 행복하게 잘 자란다.

엄마도 아빠도 하루 일과를 끝내고 얼른 잠자리에 들고 싶은 꿀 같고 꿈같은 시간이다. 아이도 그렇다. 이 행복한 시간을 아이는 부모와 함께하니 더 좋다. 이 꿈같은 시간에 '책'이 함께한다면 더 좋다.

베드타임 독서는 아이에게 '엄마 아빠 품속이 좋아. 엄마 아빠가 들려주는 책이 더 재미있어. 책 읽어주는 엄마 아빠의 목소리도 정말 좋아'로 이어진다.

베드타임 독서는 책 육아의 결정판이다. '엄마 아빠가 참 좋아'를 가장 잘 전달할 수 있는 행복한 시간이다. 스킨십과 오감을 만족해주는 최고의 시간이다. 베드타임 독서는 이후 아이 공부까지 좌우한다.

우리 뇌에는 기억에 관여하는 기관인 해마가 있는데 특히 잠자기 전 정보를 잘 저장한다고 한다. 때문에 베드타임 독서를 하는 동안 부모에게 느낀 사랑과 따뜻함이 뇌에 그대로 저장된다.

또한 긍정적이고 안정적인 정서를 바탕으로 책을 통해 전해진 어휘가 발달하고 부모와 대화하는 과정에서 추상적 개념도 자연스럽게 습득된다.

'하지만'이 가로막는 베드타임 독서의 장벽

하지만 베드타임 독서를 가로막는 현실은 어떻게 할 것인가? 만 가지 효과를 알더라도 오만 가지 현실적인 벽이 더 높다. 부모의 상황과 아이의 변수다. 아이가 책을 싫어할 수도 있고, 부모가 시간을 내기 어려운 경우가 많다. 각 가정의 상황에 따라 세부적인 이유는 더 다양하고 많다.

"베드타임 독서가 좋은 건 알아요. 그런데 이래저래 상황이 안 돼요. 몸도 피곤하고 애가 책 읽어주는 것에 집중도 안 하고요. 남편도 협조를 안 하니 매번 엄마만 읽어줄 수는 없지 않나요?"

어디 이런 이유뿐이겠는가. 육아 전쟁 속에서 밤까지 책 읽어주는 엄마라니. 낮밤을 가리지 않고 치러야 하는 다양하고 힘든 육아 상황에서 우아한 표정으로 아이를 안고 책을 읽어주는 엄마 모습을 연출하라니 가혹하기도 하다.

혹시 남편이 일찍 귀가해 집안일과 육아를 돕고 아이 목욕을

시켜주고 잠자리 정돈을 하는 동안 엄마가 잠옷을 입고 아이 침대 속으로 들어가는 정도는 되어야 매일 밤 베드타임 독서가 가능하지 않을까.

꿈같은 이야기일 수 있다. 밤에 아이 안고 사랑스럽게 책 읽어주는 모습은 마치 영화 같다. 현실에서는 참 어렵다. 그래서 '그럼에도 불구하고'가 이 이야기의 핵심이다. 오만 가지 이유의 벽이 있음에도 베드타임은 꼭 실천해야 한다. 현실이 받쳐주지 않더라도 베드타임 독서는 꼭 해야 한다.

베드타임 독서,
아이 운명을 바꾼다

베드타임 독서는 밥 먹듯 습관이 들어야 가능하다. 베드타임 독서는 지속적으로 실천하기가 쉽지 않다. 그래서 습관이 되어야 한다. 우리 아이의 모든 것을 좌우하기 때문이다. '밥 먹듯이' 베드타임 독서를 한다면 아이 미래는 제법 밝아질 것이다.

조금만 더 투자해서 아이가 열 살이 될 때까지 베드타임 독서를 해주자. 사랑은 시간을 함께하는 것이다. 베드타임 독서는 부모와 아이가 시간을 함께하는 것이다.

베드타임 독서라고 해서 꼭 불을 밝히고 책을 읽어주라는 것이 아니다. 불을 끄고 서로 안고는 도란도란 이야기를 나누고, 지난번에 읽어주었던 책 이야기를 나누는 '베드타임 스토리텔링'도 베드타임 독서니 2가지 방법들을 번갈아 가며 활용해보자.

오늘밤 불 밝히고 책 읽어줄 상황이 되지 않는다면 불을 끄자. 그리고 아이를 안고 도란도란 이야기만 나누자. 이 또한 베드타임 독서를 실천한 것이다. '그럼에도 불구하고 베드타임 독서'를 매일 밤 실천하려면 엄마와 아빠의 상황에 맞게 응용했으면 좋겠다.

책 없이 책 이야기하는
베드타임 스토리텔링 노하우

~~~~~~~~

베드타임 스토리텔링은 잠자리에서 아이를 안고 예전에 읽어주었던 책 이야기, 일상 이야기 등 '세상이라는 책' 이야기를 나누는 것이다. 책 없이 아이와 이야기를 나눠도 행복을 선물할 수 있다.

베드타임 독서 시간은 서로 사랑하는 마음을 가장 잘 전달할 수 있는 행복한 시간이다. 스킨십과 오감을 만족해주는 최고 시간이다. 하지만 어느 밤은 책 없이 책 이야기를 나누자.

베드타임 스토리텔링은 말 그대로 잠자리에서 아이와 이야기 만들기 또는 나누는 이야기다. 겨울밤 할머니가 들려주던 옛날 이야기 또는 세상 이야기와 같은 맥락이다.

요약하면 베드타임 스토리텔링은 잠자리에서 아이를 안고 예전에 읽어주었던 책 이야기, 엄마와 아빠의 일상 이야기, 아이의 이야기 등 '세상이라는 책' 이야기를 나누는 것이다. 그래서 '책 없이 책 이야기하기'라고 표현한다.

베드타임 독서가 좋은 건 알지만 도저히 불을 켜고 책 읽어주기가 힘든 날이 있다. 또 불을 켜고 책을 읽어주면 말똥말똥 또릿또릿한 아이가 잠들 생각은 않고 책을 자꾸 빼오면 책 육아가 아무리 좋다 해도 정말 힘들다.

아이도 잘 키워야 하지만 부모도 자야 한다. 특히 아침 일찍 일어나 출근해야 한다면 아이도 제시간에 재우고 부모도 자야 하지 않는가. 이때가 베드타임 스토리텔링하기에 좋은 시간이다.

베드타임 스토리텔링 노하우 6가지

첫 번째, 이런저런 경험 이야기

• 아이와 책에 대한 기억을 함께 떠올리며 제목, 줄거리, 주인공 이름 등을 이야기한다.

"저번에 우리 도서관 갔었지? 거기서 무슨 책 읽었더라?"

• 낮에 함께했던 놀이를 베드타임 스토리로 들려준다.

"아까 공룡 갖고 놀았잖아."

"큰 공룡이 쫓아와서 발에 걸려 넘어졌어."

"그래. 숲속에서 잡혔지!"

두 번째, 읽었던 책 이야기하기, 책의 뒷이야기 지어보기

• 읽었던 책의 주인공에 대한 이야기 나누기

• 책 내용을 생각하며 단어 말해보기

"『커다란 순무』에서 순무가 쑥 뽑혔잖아. 할아버지, 할머니, 손녀는 그 무로 무엇을 했을까?"

"무가 너무 커서 안 뽑히면 우리 ○○는 어떻게 했을 것 같아?"

"처음에 도와달라고 주인공이 누구를 불렀지?"

세 번째, 동시 짓기

시를 짓는다면 어렵게 생각한다. 하지만 시 짓기는 정말 쉽고도 재미있다.

• 아이와 함께 동시 짓는 법

1. 아이와 주제를 정한 다음 느낀 것을 생각나는 대로 이야기 나누고 한 줄 한 줄 정리해본다.

2. 산책, 놀이 등과 같은 경험을 이야기하고 산문처럼 길게 이어진 이야기를 의식적으로 한 행 한 행 짧게 나눠 짓다보면 어느새 동시가 된다.

"아까 공원에 가는데 하늘이 엄청 높았어. 바람도 불었고 길 가다 친구도 만났어."

"하늘도 높았고 / 바람도 불었고 / 친구도 만났고 / 행복했다."

네 번째, 말로 일기 쓰기

아빠와 아이가 각자 말로 자신의 일과를 이야기하는 것도 좋다.

"우리 말로 일기 써볼까?"

"아빠는 오늘 좀 바빴어. 아침에 알람소리를 듣지 못하고 10분이나 늦게 일어났거든."

이렇게 부모가 먼저 말로 하루 일과를 일기 쓰듯 들려준다. 부모와 공감대를 형성하는 것은 물론 서로에 대해 좀더 이해하고 알게 되는 소중한 시간이 될 수 있다. 2~3세부터 초등학생까지 이 활동은 계속할 수 있다.

다섯 번째, 동요를 활용하기

• 동요의 노랫말을 시처럼 읽어주기

노래를 불러주는 것이 아니라 노랫말을 들려주는 것이기 때문에 어떤 동요도 베드타임 스토리텔링과 잘 어울린다.

"기찻길 옆 오막살이 아기 아기 잘도 잔다. 칙폭. 칙칙폭폭."

윤석중 선생님의 〈기찻길 옆〉이다. 노래로 부르면 신나서 오는 잠도 깨울 것 같지만, 노랫말을 시처럼 들려주면 거의 자장가 수준의 시가 된다.

• 전래동요나 민요, 엄마와 아빠가 어렸을 때 자주 불렀던 노래

의 가사를 시처럼 읽어주기

엄마와 아빠가 어린 시절 불렀던 동요 노랫말 또는 동요로 나즉하게 아이에게 들려주면 세대 공감, 언어 공감, 문화 공감으로 이어진다.

"엄마가 섬 그늘에 굴 따러 가면 아기가 혼자 남아."

〈섬집 아기〉

"깊은 산속 옹달샘 누가 와서 먹나요."

〈깊은 산속 옹달샘〉

여섯 번째, 행복한 내일 이야기하기

"내일은 어떤 기분으로 일어날까?"

"내일 아침은 무엇을 먹고 갈까?"

"엄마는 7시에 일어나서 세수하고 예쁘게 화장도 하고…"

이렇게 엄마와 아빠가 이야기하다보면 아이도 내일 무슨 옷을 입고 갈지, 준비물은 챙겼는지는 물론 아침에 해야 할 일도 생각하게 된다.

베드타임 스토리텔링은 책 읽어주기와 달리 불을 끄고도 할 수 있는 활동이라 책을 읽어준 후 잠들기 전 잠시 활용해도 좋다. "우리 딸과 함께 만들어가는 이야기가 정말 재미있어"라는 느낌을 아이도 공감할 수 있다.

사랑하는 내 아이와 따뜻하게 스킨십하면서 나누는 대화는 생각만 해도 행복하다. 베드타임 독서와 베드타임 스토리텔링을 병행하며 행복한 책 육아에 활용하기 바란다.

아이 여행 가방이 책가방이 되면
일어나는 일들

여행 가방이 책가방으로 변신하면 어떻게 될까? 여행 가방에 책을 담아오면 아이는 어떤 느낌을 가질까? 책의 느낌이 이렇게 즐겁고 행복하다면 아이는 책과 친해질 수밖에 없을 것이다.

어느 주말, 도서관에서 부모 교육 특강을 마치고 나오는 길이었다. 길 쪽에서 아이 둘과 엄마가 걸어오는 모습이 보였다. 아이들은 여행 가방을 돌돌돌 끌고 가고 있었다. '여행 가나?' 하며 잠시 멈춰 아이들의 동선을 확인한 순간 깜짝 놀랐다. 그들은 도서관에 가는 길이었다.

그런데 아이들이 도서관에 여행 가방을 끌고 오는 이유가 궁금했다. 물어보았더니 여행 가방이 아니라 책가방이라고 했다. 며칠 전 빌린 책을 반납하고 다시 책을 빌리려고 엄마가 아이들과 도서관 여행을 온 것이다. 도서관으로 들어가는 남매 모습이 보기가 참 좋았다. 이렇게 여행 가방을 책가방으로 활용하면 구체적으로 무엇이 좋을까?

여행 가방을 책가방으로 활용하면 좋은 점 3가지

첫째, 먼저 아이들이 여행 가방을 아주 좋아한다. 아이들은 뭔가 메고 끄는 걸 좋아한다. 그리고 여행 가방에 책을 담는다면 즐거운 놀이 경험으로 받아들인다. 아이들과 여행 갈 때 부모의 가방에 아이의 짐이 있는 것보다 아이의 짐을 아이 가방에 챙기고 그것을 끌고 다닐 때 아이가 좋아하는 것을 경험했을 것이다.

둘째, 책에 대한 책임감이 생긴다. 엄마 아빠가 책을 사주거나 빌려서 들고 오는 것보다 아이가 빌리고 (연령에 따라 차이는 있지만) 아이가 들고 오면 아이는 그 책이 '내 책'이 된다.

아이는 주체(주인)가 자신이 되면 더 잘 챙긴다. 아이들은 '내 거' '나'라는 말을 자주 한다. 자기중심적인 인지 발달 때문이기도 한데 이 원리를 활용하는 것이다.

2명의 아이들이 책을 5권씩 빌리면 10권이니 만만한 무게가 아니다. 아이들은 '내 거'를 좋아하기 때문에 내가 책을 빌려 내 가방에 넣고 내가 끌고 오면 내 책인 만큼 소중하게 잘 보고 지식을 자신의 것으로 만들 것이다. 이런 원리를 적용하면 책 읽기 효과도 상승한다.

셋째, 책에 대한 기억이 긍정적 기억이 된다. 여행은 설렘과 기쁨을 준다. 도서관에 여행 가방을 끌고 가 여행 가방에 넣어오는 책이 아이에게 어떻게 기억될까? 아이가 책을 빌리는 일도 설렘과 기쁨이 된다. 경험은 사람 의식에 영향을 주므로 책에 대한 기억이 긍정적으로 된다.

부모가 손잡고 가는 길이
아이 인생이 된다

도서관 앞에서 여행 가방을 책가방으로 '끌고 온' 아이들을 만난 날, 미소 지으며 아이들을 따라가는 젊은 엄마를 보며 '이 엄마는 아이를 참 잘 키우는구나' 하며 가슴이 뭉클했다. '부모교육전문가'로서가 아니라 아이들을 먼저 키운 '선배 엄마'로서 든 마음이었다. "더 많이 읽어줄 걸"이라는 말이 저절로 나왔다.

소중한 것은 늘 아쉽고 오래 기다려주지 않듯이 아이를 키우는 시간, 젊은 부모 시절도 잠시 머물다 간다. 그래서 요즘 거의 매일 외친다.

"아이를 품에 안고 책을 읽어주세요."

"아이들과 도서관, 서점으로 여행하세요."

"아이의 여행 가방이 책가방이 되면 아이가 더 잘 커요."

"꼭 여행 가방이어야 하나?" 할 수도 있겠는데 아이가 들 만한 에코 가방도 좋다. 배낭이 있다면 배낭도 좋다. 아이들이 좋아하는 어떤 가방이라도 좋다.

여행이라는 즐거운 테마가 도서관과 연결된다. 그 여행길에 아이가 여행 가방을 들고 가서 그 안에 넣어온 맛있는 간식을 부모와 함께 먹은 뒤 책을 읽고, 다시 책을 빌려 여행 가방에 넣어 돌아오면 좋다.

온 가족이 함께할 시간으로 주말 나들이는 도서관으로 가면 어떨까? 어느 도서관이든 상관없다. 여행 가방을 끌고 신나게 즐겁게 다녀오면 된다. 여행 가방이 책가방으로 변신하면 아이를 제대로 키울 수 있다.

책의 느낌을 이렇게 즐겁고 행복하게 해주는 부모의 아이라면 책과 친해질 수밖에 없을 것이다. 또 그렇게 되도록 우리는 아이에게 최선을 다하는 부모일 것이다.

여행 가방을 끌고 도서관에 가는 엄마 아빠와 아이들이 많았으면 좋겠다. 여행 가방이 없다면 아이와 책을 빌려 넣어올 가방을 찾아 함께 골라보자.

아이의 자존감을 키우는 엄마의 대화법
우리 아이를 위한 자존감 수업

임영주 지음 | 값 15,000원

이 책은 아이의 자존감을 키워주는 대화법에 대해 다룬 자녀교육지침서다. 유아교육 현장에서 다양한 저술과 강연 활동을 해온 부모교육 전문가인 저자가 그동안의 경험으로 터득한 노하우를 이 책 안에 담아냈다. 아이의 행복을 위해 부모가 해야 할 가장 중요한 과업은 아이의 자존감을 북돋워주는 것이다. 이 책을 통해 엄마와 아이의 자존감을 함께 높이고, 아이의 마음까지 보듬어주는 대화법을 배워보자.

주변에 사람이 모여드는 말 습관
이쁘게 말하는 당신이 좋다

임영주 지음 | 값 15,000원

말의 원래 모습을 잘 살려 따뜻한 삶을 살고 싶은, 이쁘게 잘 말하고 싶은 사람들을 위한 공감의 책이다. 특히 주변 사람들로부터 "말 좀 제발 이쁘게 하지?"라는 말을 한 번이라도 들어본 적 있다면 이 책을 꼭 읽을 것을 권한다. 한 번뿐인 소중한 인생, 우리 모두 '성질'과 '성격'대로 마구 말하는 것이 아니라 '인격'으로 다듬어 말하는 사람, 즉 이쁘게 말하는 사람이 되어보자. 말은 우리의 모든 것이기 때문이다.

온 가족이 행복해지는 부모감정학교
감정조절 못하는 부모가 아이를 아프게 한다

이정화 지음 | 값 15,000원

아이를 가르치기에 앞서 부모 감정의 중요성을 일깨워주는 자기관리형 자녀교육 지침서다. 아동심리코칭전문가인 저자는 행복한 아이로 키우고 싶다면 부모가 자기감정을 다룰 줄 알아야 한다고 말한다. 충분히 배우고 경험하지 못한 '감정'을 아이에게 전달해야 하는 부모의 고충과 어려움을 해결하기 위해서라도 부모감정학교가 필요하다. 이 책을 통해 부모의 감정조절이 아이를 키우는 데 얼마나 도움이 되는지 절실히 느낄 수 있을 것이다.

대한민국 최고 자녀 교육 멘토의 부모 수업
9가지 자녀 교육의 법칙

박경애 지음 | 값 16,000원

자녀 교육의 멘토 박경애 교수가 부모들에게 현명하게 아이를 기르는 법에 대해 알려준다. 단순히 이론만을 늘어놓는 것이 아니라 저자의 상담 사례와 실제 경험 등을 바탕으로 했기 때문에 신뢰와 설득력을 더하는 이 책은 '자녀교육의 교과서'라고 해도 과언이 아니다. 저자는 이 책을 통해 아이를 키우는 부모들에게 자녀교육의 새로운 관점과 원칙을 제공하며, 양육과정에서 부딪히는 현실적인 각종 문제들에 대해서도 지혜로운 해결책을 제시한다.

성교육이 우리 아이의 미래를 결정한다
우리 아이의 행복을 위한 성교육
김영화 지음 | 값 15,000원

이 책은 왜 유아기부터 성교육이 시작되어야 하는지 그 이유를 설명하고 있다. 저자는 유치원에 다닐 때부터 남녀 신체부위의 차이를 가르칠 것을 강조한다. 아이가 성에 관한 궁금한 질문을 할 때가 가장 좋은 성교육의 기회다. 아이 앞에서 성과 관련된 이야기를 나누는 게 왠지 쑥스럽다는 이유로 외면하거나 대충 말하면 안 된다. 아이의 성교육에 무지한 부모라면 이 책을 읽고 지금 당장 아이와 성에 대한 이야기를 유쾌하게 나누자.

부모라면 10대 자녀들에게 꼭 해주고 싶은 말들
심리학자 아버지가 아들 딸에게 보내는 편지
김동철 지음 | 값 15,000원

부모가 10대 자녀들에게 꼭 해주고 싶은 말들을 편지의 형식을 빌어 전달한, 10대의 진정한 성장을 돕는 책이다. 세 자녀를 둔 고민 많은 부모이자 소아청소년 심리전문인 저자는 귀찮고 화가 나고 공부가 싫은 우리 시대의 10대들에게 소통과 사랑, 꿈과 공부의 가치를 공감의 문체로 들려준다. 이 책은 정체성 혼란의 시기를 겪는 사춘기 아이들과 양육의 혼란에 빠진 부모들에게 길잡이가 될 것이다.

딸이 엄마와 함께 사는 법
엄마와 딸 사이
곽소현 지음 | 값 15,000원

엄마와 딸의 갈등 원인과 해결 방법까지 다룬 심리 책이 나왔다. 딸에게 있어 가장 벗어나고 싶으면서도 인정받고 싶은 존재는 바로 엄마다. 심리치료 전문가인 저자 곽소현 박사는 20여 년간 상담현장에서 많은 딸을 만나며 모녀 사이의 갈등 해결법을 터득했다. 저자는 이 책에 오랜 시간 현장에서 쌓아온 다양하고 풍부한 엄마와 딸의 상담사례를 담았으며, 자칫 복잡할 수 있는 내용을 영화, 시, 그림을 통해 이해하기 쉽게 설명한다.

행복한 아이를 만드는 엄마의 질문법
질문하는 엄마, 명령하는 엄마
장성오 지음 | 값 15,000원

영유아기 자녀를 둔 엄마들에게 올바른 질문을 통해 행복한 육아를 할 수 있도록 도움을 주는 책이다. 30여 년간 현장에서 직접 아이들과 함께 호흡해온 저자가 그동안의 경험을 통해 터득한 질문법을 아낌없이 소개한다. 이 책을 통해 좋은 질문으로 아이의 행동 속에 숨겨진 마음을 이해하고 보듬어주는 따뜻한 엄마가 되어보자. 아이가 놀라울 정도로 변화되는 모습을 확인할 수 있을 것이다.

자기 자신을 있는 그대로 받아들이는 힘
지금 있는 그대로의 너여도 괜찮아

정은임 지음 | 값 15,000원

현대 사회는 빠르게 변화한다. 이 속도에 발맞춰 바쁘게 살다보면 자신의 감정과 마음을 놓치기 쉽다. 빠른 속도 속에서 여유를 갖고 마음을 되돌아보기 힘들기 때문이다. 이러한 환경 속에서 자신이 괜찮지 않다고 느끼는 것은 지극히 자연스럽다. 이 책에서 저자는 친절한 방식으로 자신의 마음을 다스리는 방법을 알려준다. 또한 삶의 변화를 바라는 사람들에게 변화를 위한 단계적인 방법을 친절하고 자세하게 알려준다.

나는 걱정 없이 둔감하게 살기로 했다
걱정 내려놓기

강용 지음 | 값 15,000원

걱정이 많은 사람들을 위한 심리처방서다. 심리상담 전문가인 저자는 걱정을 하는 것이 꼭 나쁜 일만은 아니지만 지나친 걱정은 개선해야 한다고 말한다. 자신의 문제만 바라보면 걱정과 불안이 커지지만 자기 자신 문제의 원인을 찾고 변화를 향해 나아가면 걱정과 불안은 자신에게 긍정적인 역할을 한다. 이 책을 통해 소중한 내 인생을 위해 걱정을 내려놓기로 결심하고, 상처받은 자신의 마음을 들여다보고, 걱정을 승화시켜 행복한 삶을 살아보자.

착한 사람들이 힘들어하는 9가지 이유
나는 좋은 사람이기를 포기했다

듀크 로빈슨 지음 | 값 15,000원

저자는 진정으로 좋은 사람이 되기 위해 자신의 감정이나 생각을 당당하고 솔직하게 털어놓는 연습을 할 것과 남에게 비치는 나보다 당당하고 솔직한 진짜 나로 살아갈 것을 당부한다. 거절하지 못해 힘들게 살아가는 사람들은 온전한 자기 인생을 결코 살아갈 수 없다. 이 책을 통해 내 안에 웅크리고 있는 나약한 어린아이의 실체를 똑바로 알고, 왜곡된 사고의 틀을 허무는 지혜를 터득할 수 있을 것이다.

마음이 아픈 사람을 위한 글쓰기 치유법
글쓰기로 내면의 상처를 치유하다

이상주 지음 | 값 15,000원

이 책은 견디기 힘든 상처를 안고 살아가는 사람들에게 어떻게 하면 그 상처를 치유하고 회복할 수 있을지 자세히 소개한다. 스스로를 변화시키는 방법이야 많겠지만 저자는 글쓰기가 최고의 방법이라고 말한다. 일기나 편지 또는 작은 메모부터 시작해보자. 누구에게도 꺼내지 못했던 마음속 외침을 일기장에 쓰다 보면 가장 편안해지는 나를 느낄 수 있을 것이다. 매일 글을 쓰는 나, 매일 감사함으로 충만한 나, 매일 새로워지는 나를 만들어보자.

이 시대의 아버지들을 위한 필독서!
좋은 아버지로 산다는 것
김성은 지음 | 값 14,000원

이 책은 부성(父性)과 아버지 역할, 부부관계 분야의 탁월한 전문가인 김성은 교수가 제안하는 일종의 '좋은 아버지가 되는 길'로의 안내서다. 저자는 이 책에서 아버지들의 진솔한 삶의 이야기와 아버지들의 부성에 대한 이론 및 연구들을 바탕으로 지금 시대에 좋은 아버지로 살아간다는 것은 과연 어떤 것인지에 대해 차근차근 풀어나간다. 이 책을 통해 좋은 아버지로의 여정으로 한 발 내딛을 수 있을 것이다.

자녀교육을 위한 최고의 교과서!
지혜로운 부모가 행복한 아이를 만든다
박경애 지음 | 값 15,000원

가족 상담과 청소년 상담, 자녀교육 등 상담학자와 교육자로서 한길만을 걸어온 자녀 교육의 멘토 박경애 교수가 한국의 부모들에게 현명하게 아이를 기르는 법에 대해 알려준다. 단순히 이론만을 늘어놓는 것이 아니라 저자의 상담 사례와 실제 경험 등을 바탕으로 했기 때문에 신뢰와 설득력을 더하는 이 책은 '자녀교육의 교과서'라고 해도 과언이 아니다. 이 책을 통해 좋은 부모가 되기 위해서는 어떤 노력을 기울여야 하는지 깨닫게 될 것이다.

쌍둥이 육아는 한 아이 육아와 완전히 다르다!
일반 육아책에는 없는 쌍둥이 육아의 모든 것
양효석·권소현 지음 | 값 15,000원

임신부터 출산과 육아에 이르기까지 쌍둥이는 단태아와 다른 점이 많다. 특히나 육아노동의 강도는 단지 곱하기 2에 그치는 것이 아니라 곱하기 3 또는 4로 느낄 정도다. 임신·출산·육아에 대해 쌍둥이를 낳아 키운 저자들이 직접 겪은 첫돌까지의 경험담을 담은 책이 나왔다. 전쟁만큼 격렬한 쌍둥이 육아, 제대로 할 수 있는 노하우를 공개한다. 쌍둥이를 가진 부모라면 반드시 읽어야 할 책이다.

유대인 아버지들의 특별한 자녀교육법
아버지라면 유대인처럼
박기현 지음 | 값 15,000원

이 책은 아버지 없는 사회, 이른바 파더리스 소사이어티 속에 살아가고 있는 모든 아버지들을 위한 책이다. 저자는 가정에서, 자녀교육에서 아버지가 점차 소외되고 있음을 지적하고 아버지의 권위와 역할을 다시 세울 수 있는 방법으로 유대인 아버지의 교육법을 제시한다. 이 책은 자녀교육에서 아버지의 역할이 얼마나 중요한지, 가정에서 아버지가 권위를 되찾기 위해 어떤 노력을 기울여야 하는지를 알려줄 것이다.

■ 독자 여러분의 소중한 원고를 기다립니다

메이트북스는 독자 여러분의 소중한 원고를 기다리고 있습니다. 집필을 끝냈거나 집필중인 원고가 있으신 분은 khg0109@hanmail.net으로 원고의 간단한 기획의도와 개요, 연락처 등과 함께 보내주시면 최대한 빨리 검토한 후에 연락드리겠습니다. 머뭇거리지 마시고 언제라도 메이트북스의 문을 두드리시면 반갑게 맞이하겠습니다.

■ 메이트북스 SNS는 보물창고입니다

메이트북스 홈페이지 www.matebooks.co.kr

책에 대한 칼럼 및 신간정보, 베스트셀러 및 스테디셀러 정보뿐만 아니라 저자의 인터뷰 및 책 소개 동영상을 보실 수 있습니다.

메이트북스 유튜브 bit.ly/2qXrcUb

활발하게 업로드되는 저자의 인터뷰, 책 소개 동영상을 통해 책에서는 접할 수 없었던 입체적인 정보들을 경험하실 수 있습니다.

메이트북스 블로그 blog.naver.com/1n1media

1분 전문가 칼럼, 화제의 책, 화제의 동영상 등 독자 여러분을 위해 다양한 콘텐츠를 매일 올리고 있습니다.

메이트북스 네이버 포스트 post.naver.com/1n1media

도서 내용을 재구성해 만든 블로그형, 카드뉴스형 포스트를 통해 유익하고 통찰력 있는 정보들을 경험하실 수 있습니다.

메이트북스 인스타그램 instagram.com/matebooks2

신간정보와 책 내용을 재구성한 카드뉴스, 동영상이 가득합니다. 각종 도서 이벤트들을 진행하니 많은 참여 바랍니다.

메이트북스 페이스북 facebook.com/matebooks

신간정보와 책 내용을 재구성한 카드뉴스, 동영상이 가득합니다. 팔로우를 하시면 편하게 글들을 받으실 수 있습니다.

STEP 1. 네이버 검색창 옆의 카메라 모양 아이콘을 누르세요.　　STEP 2. 스마트렌즈를 통해 각 QR코드를 스캔하시면 됩니다.
STEP 3. 팝업창을 누르시면 메이트북스의 SNS가 나옵니다.